商机

夏天 著

北京时代华文书局

图书在版编目（CIP）数据

商机 / 夏天著. -- 北京 : 北京时代华文书局,
2025.7. -- ISBN 978-7-5699-6121-8

Ⅰ. F715-49

中国国家版本馆 CIP 数据核字第 2025SA5415 号

SHANGJI

出 版 人：陈　涛
责任编辑：王　婷
责任校对：初海龙
装帧设计：仙境设计
责任印制：刘　银

出版发行：北京时代华文书局 http://www.bjsdsj.com.cn
北京市东城区安定门外大街 138 号皇城国际大厦 A 座 8 层
邮编：100011　电话：010－64263661　64261528

印　　刷：三河市冠宏印刷装订有限公司
开　　本：710 mm×1000 mm　1/16
成品尺寸：160 mm×230 mm
印　　张：10
字　　数：139 千字
版　　次：2025 年 7 月第 1 版
印　　次：2025 年 7 月第 1 次印刷
定　　价：39.80 元

CONTENTS

目 录

PART 3 消费者的心智：情感与心理驱动

PART 4 市场开拓与创新：从创意到执行的商机挖掘

PART 5 商机开发的策略与技巧

PART 1

商机的本源：需求与趋势

1.1 理解需求：人性深处的驱动力

你有没有听过这样的抱怨："市场难做啊，赚钱越来越难了！"实际上，钱真的那么难赚吗？钱为什么难赚？答案很可能是我们没摸准需求。生意之道用十个字总结：需求在哪里，钱就在哪里。

从远古时期，到如今的"互联网 +"时代，人类的需求不断在演变，但其核心本质始终没变。人类最早的需求，我们可以追溯到远古时期，那时候人们只关注一个问题——如何生存。人饿了怎么办？得吃饭；人累了怎么办？得睡觉。这些基本的生理需求，是推动人类社会发展的动力。

随着社会的发展，人的需求也越来越复杂，变得"多样化""高端化"。比方说，我们饿了，想吃饭，但不再仅满足于"吃饱"，我们还想要"吃得好""吃得有滋味"，甚至还希望吃得"特别"和"有档次"。所以，我们发现，需求的种类已经从单纯的生理层面扩展到了心理、社交层面。

需求的三大层次：生理、心理与社交需求

理解消费者的需求，首先要回归到人类行为的本源。心理学家马斯洛提出的需求层次理论指出，人类需求从低到高依次为：生理需求、安

全需求、社交需求、尊重需求以及自我实现需求。本文将其归纳为三大核心层次：生理、心理与社交需求，便于观察市场背后的本质动力。

生理需求，说白了就是最基础的生存需求，众所周知，人吃得饱、穿得暖、睡得好，才能活得下去。商人也知道，吃饭这个大需求永远都不会过时。所以，我们会看到各种餐饮店如雨后春笋般涌现出来，这面对的都是最基本的需求。我们可能会问：这么简单的需求，生意该怎么做呢？其实，答案就在于“创新”两个字。就拿街头的小吃店来说，虽然它们卖的只是我们都熟悉的炸鸡、烤串，然而，它们为什么能在市场中脱颖而出？并不是因为它们满足了吃的需求，而是因为它们创新了“吃”的方式——小吃店里装饰有趣，产品设计新颖，整个氛围让我们想坐下来吃上一回，而不仅仅是“填饱肚子”。

心理需求比生理需求层次更高一层。在这一层，我们不再单纯追求物质上的满足，而更注重内心的感觉。比如，在买东西时，很多人首先考虑的并不是价格，而是这东西能不能给自己带来一种“与众不同”的感觉，能不能让自己觉得“特别”。这就是有些品牌虽然其产品并不比其他品牌的产品好，价格也贵得离谱，却依然能够火爆一时的原因——满足了顾客彰显“身份”、实现“自我价值”的心理需求。比如，现在的一部手机不仅具备接打电话的基本功能，同时还具有展示社会地位、身份的功能，能够满足消费者的心理需求。

举个简单的例子，我们可以看看奢侈品行业。奢侈品不是人们生存必需的东西，但它们的价格远远超过其实际功能。这背后的原因是奢侈品承载的除了其使用价值外，更多的是对一个人身份、地位的彰显。比如，人们购买某款奢侈品包，不是因为它比普通品牌的包更能装东西，而是因为它能让消费者在人群中显得与众不同，带给消费者一种“我很特别，我很成功”的感觉。

社交需求，顾名思义，它和人际关系、社会交往息息相关。这类需求让我们在追求个人价值的同时，也注重与他人的关系。这也是各种社交媒体能够迅速普及的原因——满足人们的社交需求。回想一下，我们从餐厅走出来时的第一反应是什么？往往是拍一张照片发朋友圈，告诉大家“我刚刚吃的食物很美味”。实际上，我们这么做不仅是为了让别人知道我们吃得有多好，还是为了让别人看到，我们有这个“资格”去品尝这些东西。我们不光满足了自己“吃”的需求，同时也在向外界展示自己的社交风采和地位，满足了自己的社交需求。

需求背后的深层次动因：懒与享受

提到需求的动因，很多人会想到“解决问题”这个词语。其实，需求的深层次动因远不止于此。需求的深层次动因有两个，第一个是“懒”。我们常说：“懒”是推动社会创新的最大动力。因为“懒”，人们总是渴望用最少的力气、最少的时间，获得最多的收益，于是诞生了“懒人经济”。应“懒人经济”而生的产品层出不穷。比如电动牙刷，它十分贴合消费者的“懒”——不仅帮助“懒人”节省了刷牙的时间和力气，还能达到更彻底的清洁效果。再比如智能扫地机器人，它能帮“懒人”清理家里地上的一切脏乱，解放“懒人”的双手。

但“懒”并不是唯一的驱动力，另一个不可忽视的因素就是“享受”。当人们的基本需求得到了满足之后，往往会产生一个更高层次的心理诉求，那就是对生活品质的追求，也就是“享受”。从某种意义上说，享受是心理需求的延伸，是人们追求自我满足、尊重感与审美愉悦的体现。比如，穿衣服本是生理需求，为了保暖舒适；而选择款式独特、设计感强的服装，是心理层面的风格表达；如果我们所穿的衣服不仅展现了个性，还契合当下主流审美，让我们在社交场合中获得认同与赞赏，那便是一种更高阶的享受体验。这类“享受型需求”往往能推动消费升级，使消费者对更优质、更具品位的商品产生持续的渴望。

需求背后的商机："无形的需求"

需求，不仅仅是那些眼前显而易见的东西。事实上，我们生活中的很多商机，往往隐藏在那些无形的需求中。举个例子，情感需求。今天我们为什么需要送礼？不仅仅是出于"礼尚往来"的责任感，还因为送礼的背后承载着人际关系的维护与加深。特别是在一些节假日前，我们会发现商店的节庆商品已经提前上架，商家用心设计的礼盒包装、个性化的定制服务，都是在顺应这种"无形的需求"。人们不仅仅需要实用的东西，还希望通过物品传达情感，表达爱、关心、歉意或祝福。

当我们谈论"无形的需求"时，实则是在探讨那些不易被察觉，却深刻影响消费行为的潜在动力。这些需求往往隐藏在心理和社交层面之中，尤其以情感需求和文化需求为代表。

目前，文化需求也已成为消费者需求的重要组成部分。随着全球化进程的推进，许多人对外国文化、异域风情产生了浓厚的兴趣。因此，文化创意产业拥有一个庞大的市场。从文创产品到影视娱乐，从异域商品到文化旅游，消费的背后往往隐藏着对某种文化或身份的认同。

因此，无论我们做什么生意，首先得学会识别需求，把握住需求背后深藏的商机。商机就像海洋中的鱼，需求就是钓鱼的饵。没有正确的需求分析，再高超的营销手段也只能是空中楼阁。理解了需求的本质，我们就能在变幻莫测的市场中精准定位目标，抓住属于我们的商机。记住，商机并不遥远，它就在我们周围，只要我们善于观察、发现，市场的大门就会为我们打开。

1.2 消费心理解析：从“想要”到“购买”的转化逻辑

生意就像一场恋爱，想让消费者“爱上你”，并不是靠一次眼神交流就能完成的。从吸引注意到建立信任，再到最后让对方心甘情愿地“投入”，这个过程需要你步步为营。换句话说，消费者的购买行为，是一场在“种草”和“拔草”之间跳跃的心理冒险。你只要能洞察其中的奥秘，就能吸引消费者的眼球，甚至抓住他们的心。

感知：消费者的“第一眼缘”

俗话说，人靠衣装，佛靠金装，产品靠包装。第一印象很重要，消费者能不能停下来看看你的产品，全靠“眼缘”。这就好比相亲时，对方看到你，脑海中出现的第一个想法就是“哎，这小伙儿看着靠谱”。产品也是一样，包装得好，消费者才会觉得：“这玩意儿看着值！”

想象一下，一瓶矿泉水，如果只是用普通塑料瓶装，可能很难引起注意。但如果采用精致的玻璃瓶包装，再配上“阿尔卑斯山天然冰川水源”的品牌定位，整体形象立刻就被提升了。哪怕产品本身的味道未必有显著差异，但这种在视觉与品牌打造上的用心，也能在消费者心中建立起“高端”“纯净”“健康”的联想。这是一种通过设计与叙述提升产品感知价值的方式，但前提是信息真实、合规，才能赢得消费者长期的信任。

所以，商家要抓住消费者的猎奇心理，用独特的设计和亮眼的营销让产品在货架中“站出来”。如果一件东西平淡无奇，没人会为它掏钱，但如果它与众不同，那情况就完全不同了。

从兴趣到欲望：如何点燃消费者的“小火苗”

注意力被抓住了，接下来呢？光靠好看的“脸”是留不住消费者的。这就要靠产品的实际价值和情感共鸣来“点火”了。

说说情感共鸣。我们为什么会被某些品牌的广告感动得热泪盈眶？因为它们戳中了我们的软肋——情感需求。比如，一个关于留守儿童和父母团圆的公益广告，背后推广的是快递服务；某运动品牌的广告讲述一群普通人通过努力实现梦想的故事，让你觉得买双跑鞋就能登上人生巅峰。看到这些，我们禁不住在心里呐喊：“没错！这说的就是我！”于是，手一抖，就下单了。

再比如，一些知名化妆品品牌的广告往往不会直接告诉你产品有多好，而是通过模特的完美肌肤、精致的妆容，让消费者心里生出一种“我也想像她一样光彩照人”的渴望。这种情感投射远比单纯讲解产品成分有效。又比如，奢侈品牌的广告里几乎不提价格，而是营造一种“拥有它，就拥有了与众不同”的高贵感，直抵消费者内心深处的渴望。

当然，光有情感是不够的，还要给消费者一个“看得见”的理由。比如，卖床垫时，你可以说它有多柔软、多舒适，但如果加上一句“晚上躺上去像躺在云朵上”，是不是立刻生动了起来？再强调它“改善睡眠质量”，击中消费者的痛点，让他们开始幻想睡在床垫上的美好生活。

如果你能用简洁、生动的方式告诉消费者，这个产品不仅漂亮，还很好用，他们的购买欲望会被进一步激发。比如，推广一款高端咖啡机时，单单说它能“煮出香浓的咖啡”还不够，若加上一句“让你每天都能在家享受五星级酒店的咖啡时光”，消费者眼前就会浮现出一个舒适的早晨，仿佛已经闻到了咖啡香。此时，消费者的购买欲望便会被极大激发。

从欲望到决策：别让消费者纠结太久

消费者的脑袋，总是在“买”和“不买”之间拉扯：买吧，怕后悔；不买吧，又怕错过。这个时候，商家得给他们一记助攻，让购买行为变得毫不费力。

一款产品的价格标签上写着“原价 99 元，现价 49 元”，旁边还标了个“限时优惠”，看到这里，你是不是感觉自己买下它就是赚到了？再比如“只剩最后 3 件”这种提示，让人觉得再不买，就要和好东西失之交臂。其实这些套路都在利用消费者的损失厌恶心理——人们面对同样数量的收益和损失时，认为损失更加令他们难以忍受——所以，人们宁愿多花钱，也不想错失机会。

当然，服务也很重要。如果你的售后服务足够贴心，比如“7 天内无理由退货”“7 天内包换”，就能大大减少消费者的顾虑。他们会认为，反正不满意还能退，先买下再说，索性就买了！

购买后：让消费者变“回头客”

买单只是故事的开始，真正聪明的商家会继续追踪消费者的心理状态，让他们感觉自己不仅是花钱买了个产品，还加入了一个“有温度”的品牌社区。

试想，你买了一杯奶茶，喝完后发现杯底有一句可爱的留言："今天喝奶茶，明天好心情！"是不是瞬间觉得暖心？或者一家餐厅在你消费后发来感谢短信，还附上下次可使用的折扣券的领取方式。这种贴心的小举动会让消费者心生好感，下一次更容易"回头"。

此外，分享体验也能形成"社交裂变"。比如，消费者买了你的产品，拍了一张照片晒到朋友圈，配上一句"谁懂啊，这简直是我今年买过最值的东西"。这不光是消费者的自我满足，也是在免费帮你做广告。

消费者有时不是在买产品，而是在买"感觉"。如果你能让他们在购买前觉得心动，在购买时觉得划算，在购买后觉得开心，那你已经很成功了。记住，不要急于推销，而是要用心"撩"消费者，探索他们的心理秘境。只要你让他们的"想要"变成"必须拥有"，商机自然滚滚而来。

1.3 刚需与痛点：如何找到迫切需求中的商机

商机是难得的机会，隐藏在需求的深处。消费者的需求就是他们生活中面对的问题，一旦解决了这些问题，你就能成为消费者心中的“英雄”。特别是那些迫切的、无可回避的需求，它们就像埋藏在地底下的金矿，只要你能挖掘出来，商机自然就会涌现。

什么是“刚需”？

我们先得搞清楚一个概念：刚需。刚需是指在商品供求关系中受价格影响较小的需求。在消费者心中，刚需是指那些必须解决、无法回避的问题。这些需求通常为生理、心理的基础需求。例如，吃饱穿暖是最基本的“刚需”，洗衣机、冰箱等是每个家庭的“刚需”，智能手机和高速网络则是现代生活“刚需”的扩展。

但商机并非全部来自刚需，有很多商机来自生活中那些深层次的、被忽略的“痛点”。

痛点：需求背后的未解之谜

痛点一般指市场不能充分满足的，而客户迫切需要被满足的需求。

在我们正在讨论的语境里，痛点是指消费者在使用某个产品或享受某种服务时遇到的困扰或者障碍，它们可能是时间上的浪费、经济上的压力，甚至是心理上的不适感。比如，你在商场购买一件衣服时，试衣间光线昏暗、空间狭小，难以准确判断衣服的合身程度。这个时候，你的痛点就是“试衣体验差”。如果商家能提供宽敞明亮的试衣空间，甚至增加智能镜子，让你快速获取更多尺寸、款式选择的信息，你的痛点便迎刃而解，而商家也会因此成功吸引更多消费者。

再来看一个生活中的经典“痛点”——老年人使用手机困难。在智能手机普及的今天，很多老年人面临着手机操作烦琐，以及自身视力下降、指尖不灵活的问题。对于他们来说，手机不是便利的通讯工具，而是“心头之痛”。如果你能解决这些问题，设计一款使用简便、屏幕清晰、按钮大、语音识别力强的手机，瞬间就能赢得市场。针对这一痛点，市场上专为老年人设计的手机层出不穷。

从痛点到商机：如何发掘是关键

那么，如何找到这些痛点并迅速将其转化为商机呢？你可能会说：“这是一个难题！”其实把痛点转化为商机并不复杂。你要站在消费者的角度去思考，观察他们日常生活中的不便和困扰，发现他们的痛点。获取这类信息的方式有很多。社交媒体和电商平台的数据反馈能够提供非常有价值的线索，用户的评论、投诉等揭示了他们的需求。你也可以通过问卷调查、市场调研，甚至与消费者直接交流来了解他们的真实想法。通过这一系列“接地气”的做法，你能深刻洞察消费者的需求，从而发现他们潜在的痛点。

更为关键的是，你要记住，消费者的痛点往往是多层次的，具有复杂性。比如，购买家电时，消费者不仅关心价格，还关心产品的节能情况、售后服务，甚至关心产品能否与家庭里的其他设备兼容。所以，在提供解决方案时，商家不能只看表面，而要跳出框架，从深层次的痛点入手，提供一站式、全方位的解决方案。比如，有的现代家电品牌推出的“智能家居”产品线，不仅解决了设备操作复杂的痛点，还通过与智能助手的连接，进一步提升了用户体验。这种多层次的解决方案无疑是家居领域的一个重要突破。

痛点通常也是消费者的心理需求和生活需求的交会点。如果商家能准确识别这些痛点，并提出针对性的解决方案，商机便能自然而然地浮现。

举个简单的例子，家庭中的电器总是容易堆积在一起，线缆杂乱无章，经常被人踩到。某品牌推出了一款专门设计用于收纳电器电线的“智能线收纳盒”。不仅外观时尚，还能根据电器的不同规格调整内部空间，以适应各种电线的存放需求。这个设计直接解决了家庭的一个痛点——电器线的杂乱无章。消费者不仅愿意为此买单，还愿意为“整洁生活”的理念而承担溢价——超出其平价的价格。

再比如，外卖小哥们风雨无阻，送餐的速度快，但遇上恶劣天气，食品的温度就无法保证。于是，“保温便当盒”应运而生，商家通过设计带有加热系统的外卖餐盒，完美解决了送餐过程中食品温度下降的问题。这就是痛点转化为商机的一个经典案例。

如何利用痛点找到市场突破口

找到痛点后，商家需要思考如何创新地解决这些痛点，并且把这个解决方案呈现给消费者。这就需要商家的市场洞察力了。通过对市场的持续观察和对消费者行为的细致分析，商家可以找到更多的解决痛点的方式。

以“便捷”作为商机的切入点，许多家政服务公司推出了“上门洗衣”服务，解决了那些没有时间做家务的年轻上班族的痛点。也许你日常工作繁重，没有时间亲自洗衣服；也许你单纯不想把时间花在去洗衣店的路上。这时，你只需在手机上点几下，就能把一堆待洗衣物交到上门服务人员那里，而且服务质量、时间安排、价格等都能根据你的需求量身定制。这些商家抓住了消费者“时间紧迫”这一痛点，成功创造出一种新型消费模式。

在快节奏的城市生活中，消费者的痛点越来越多，商家应专注于细分市场，迎合消费者的个性化需求，打造各种痛点的精准解决方案。比如，在健身行业，越来越多的消费者关注“个性化定制”，而不仅仅是去健身房做通用训练。商家可以根据每位消费者的健康数据、健身目标等制订个性化训练方案，解决“运动效果不明显”这一痛点。

生活中的商机：从小事做起

商机并不一定来源于“大事件”，很多时候，商机来源于生活中不起眼的小事。例如，在日常饮食中，餐前水果很难保存，它们在冰箱里容易变质，导致浪费严重。于是，商家推出了“保鲜袋”这一细分产品，它能够延长水果的保鲜期，让消费者浪费的食材数量减少。这个看似微不足道的改进，正是商家从消费者日常生活的“小痛点”中发掘出来的商机。

又如，手机电池的快速消耗一直是手机用户的痛点，许多用户为随时需要为手机充电而烦恼。针对这一问题，市面上出现了各种“便携式充电宝”。这种小巧的设备方便携带，能满足消费者随时随地充电的需求，成功解决了手机用户的“充电不便”痛点。

找到刚需和痛点只是第一步，如何从中提炼出商机才是关键。在这个过程中，商家要有敏锐的市场洞察力和创新的思维，善于从日常需求中抓住消费者的刚需或最迫切的痛点，并将其转化为商机。通过产品创新、服务优化、个性化定制等，你将能够满足消费者的“急迫需求”，开辟出一片新天地！

1.4 趋势洞察：社会变迁与消费潮流中的商业机会

如果说商业是一场马拉松，那么消费趋势就是那条赛道的指引标识，告诉你什么时候该加速，什么时候该休息。作为商家或创业者，你如果掌握了消费趋势，就相当于在这场比赛中跑在了前面，机会触手可及。

消费趋势不是“跟风”

消费趋势就是市场中消费者行为和需求的变化方向。消费趋势不是一时的流行风潮，而是社会变迁带来的深层次的系统性变化。消费趋势代表了消费结构的调整、消费者态度的转变，以及科技进步对生活方式的影响。比如，二十年前，人们的消费结构偏向于物质；随着社会发展，人们开始有了精神层面、个性化的需求。这种变化推动了“新消费”的兴起，人们的消费出现新趋势。

社会变迁：消费者的需求正在发生翻天覆地的变化

消费趋势受社会变迁的影响非常大。从农业社会到工业社会，再到如今的信息化社会，社会的每一次变革都会带来消费者需求的变化。比如，在进入信息时代之前，消费者的需求更多集中在生存层面——吃得饱、穿得暖；进入信息时代后，消费者的需求逐渐从生存层面转向心理、社交层面，开始追求更高层次的精神满足。

如今，消费者越来越注重健康和环保，这并不是因为吃得更健康、用得更环保成为时尚，而是因为人们的健康生活意识、环境保护意识普遍提高了。这就是社会变迁带来的消费趋势变革。

从“懒人经济”到“追求极致”的生活态度

近年来，有一个词特别火，那就是“懒人经济”。什么是懒人经济？简单来说，就是市场上出现了越来越多的迎合人们“懒惰”需求的产品和服务，比如外卖、网购、智能家居等。就像我们在第一节中提到的那样，“懒惰”是源于消费者内心的一种深层次的需求动因，“懒惰”推动了科技的进步。

随着科技的发展，消费者变得更加“懒惰”，或者说更加依赖科学技术提供的“便利”。例如，智能家居产品的普及，让许多人能通过手机远程控制家里的电器，甚至可以“懒”到躺在床上通过语音开关灯、调节空调温度。

与此同时，另一种消费趋势悄然形成——“追求极致”。也许这两种趋势看起来有点矛盾——既懒得动，又要追求极致。的确，消费心理的多元化导致了不同的趋势并行。一方面，消费者追求“便利”和“快捷”；另一方面，消费者又追求某些领域的极致体验，比如定制化产品、独特体验和奢侈品消费。例如，近年来，定制款运动鞋、私人定制旅行和个性化美容服务等出现爆发式增长。消费者不仅希望拥有方便的生活，还希望享受不同寻常的个性化服务，这正是两种趋势交织的结果。

透视未来：年轻消费群体的崛起

提到消费趋势，就不得不提年轻一代消费者。随着 90 后和 00 后逐渐成为消费市场的主力，消费趋势也发生了翻天覆地的变化。年轻人更倾向于通过社交媒体获取信息，通过短视频平台进行消费决策。他们的消费观念比前人更个性化、情感化，更注重精神层面。

抖音和小红书等平台的兴起，让短视频平台和社交平台成为年轻人表达个性、分享经验的舞台。这些年轻人并不单纯追求大品牌，还会追求独特性和个性表达。因此，商家不仅要提供风格独特的商品，还要提供“生活方式”和“情感共鸣”，才能迎合这一代消费者的需求。

这让许多商家看到了商机。一些时尚品牌通过与网红博主合作，迅速获得了年轻人的青睐。

新兴行业：科技与消费融合的火花

随着 5G、人工智能（AI）、大数据、区块链等技术的不断发展，科技与消费的结合将催生更多新兴行业的商机。无人零售的崛起就是技术驱动消费的典型案例。未来，你或许可以在无人超市中不经过收银台就能完成购物；你只需通过智能设备扫描你的购物车，售货系统就会自动结算并从你的账户中扣款。

再比如，虚拟现实（VR）技术和增强现实（AR）技术的应用打破了传统消费模式，给消费者带来了全新的体验。未来，消费者可以通过 VR 眼镜进入虚拟商城，不仅能看到商品的立体效果，还能进行互动，比如“试穿”衣服。对商家来说，利用这些先进技术吸引消费者，是在未来竞争中胜出的关键。

综上所述，社会变迁和消费趋势变化的背后潜藏着一个个商机。通过洞察这些变化，商家可以更好地找准“风口”、迎接挑战，实现收益增长。洞察时势，预测未来趋势，抓住隐藏在变化背后的商业机会，需要对社会变迁、消费者需求变化、科技进步等多个因素进行综合分析。作为商家，你需要了解市场需求的变化规律，并及时调整产品功能和服务策略，才能在商业竞争中抢占先机。总之，只有摸准消费趋势和社会变迁的脉搏，才能永远站在“潮头”，你的商机才能不请自来。

1.5 微观观察：从细节中发现隐藏的巨大价值

生意场上，机会从不“吆喝”，但它往往就藏在你没在意的小细节里——就像遥远雨林中那只轻轻扇动翅膀的蝴蝶，掀起的也许不是微风，而是一场潜在的商机风暴。有人从挤地铁的痛苦中嗅到了共享单车的机会，有人从外卖分量变少中发现了餐饮降本增效的趋势……看似不起眼的小变化，却可能是一条商机链的第一环，只等有眼力的人把它盘活。

快递变慢了，背后藏着什么大文章？

先说快递。最近几年，不少人感慨：以前的快递第二天就到，现在三天都不见踪影。你可能以为这只是物流效率问题，其实这背后隐藏着多重因素。比如“双碳”政策推行后，对物流行业提出了绿色减排的要求；货车限载、路权调整，直接导致配送效率下降；快递公司为了节约成本，优化了线路或者延迟了发货时间。

聪明的商家会抓住这一点切入市场。顺丰看准了“最后一公里”的需求，设置了社区自提点，推出了无人配送小车，不仅省去了中间环节，还让消费者等得没那么焦躁。随着绿色物流的崛起，新能源货车、智能仓储和生态包装的需求量暴涨。如果你能提供一款“快递用可降解填充物”或者帮助优化分拣系统的算法服务，是不是就能在行业里分一杯羹？

油价涨了，新能源笑了

接着说油价。每次油价上涨，不仅让车主肉疼，也搅动了一池产业链的春水。2022 年油价飙升后，很多网约车司机抱怨接单不划算，于是拼车服务应“声”而起。乘客共享一辆车，既省钱又环保，平台则通过算法优化路线，降低司机的油耗成本。这一变化让“共享经济”模式再次焕发了活力。

不仅如此，油价波动还带火了新能源汽车市场。比亚迪在“油价危机”中大展拳脚，推出更具性价比的新能源车型，还获得政策补贴，一举拿下市场头名。充电桩行业作为配套环节，也迎来了爆发式增长。据统计，2023 年全国新增公共充电桩近 100 万个，连社区车位都变得“充电优先”。你有没有想过，这其实是一个信号：围绕新能源车的配套服务，比如家庭充电设备安装、智能充电管理软件，还有新能源汽车改装，都是潜在的蓝海。

原材料涨价：谁的机会，谁的噩梦？

原材料价格的波动，总是能直接影响整个产业链的命运。比如，2022 年俄乌冲突导致小麦供应链受阻，面粉价格一路飙升，直接传导到下游的餐饮业和零售业。在这个背景下，“无面粉食品”火了起来。以燕麦粉、红薯粉为基底的面包和点心，因为不依赖传统小麦供应，很快成为市场上的香饽饽。

再看纺织行业。2020 年全球棉花价格上涨，各服装品牌为降低成本，纷纷转向再生材料或者新型纤维。比如，优衣库推出了基于 PET（聚对苯二甲酸乙二酯）塑料瓶回收的再生纤维服饰，不仅降低了生产成本，还贴上了环保标签。消费者买得开心，品牌省得舒心，这难道不是一场完美的商机演绎？

政策调整里的商机：顺势而为的人赚大了

政策是市场变化的风向标。如果你足够细心就会发现，很多政策的调整会先从生活中的小细节体现出来。比如“双减”政策实施后，K12（基础教育阶段）学科培训一片萧条，但素质教育迎来了前所未有的春天。编程、艺术、体育课程成了家长的“新刚需”，有的创业者迅速上线了少儿编程在线课程，有的还研发出了智能化艺术学习设备，比如 AI 画板和智能钢琴。

再比如限塑令。在限塑令下，超市不再免费提供塑料袋，许多人开始自带环保袋。看似简单的生活习惯变化，却带动了可降解材料的产业链飞速发展。从吸管到外卖包装，各种环保产品层出不穷。你是否想过，这也是政策变化在消费市场掀起的涟漪效应？

从一只蝴蝶的翅膀到一场商业风暴

小细节的变化常常带来出人意料的连锁反应。你有没有注意到，越来越多的小区开始安装电动车公共充电桩？这是政策对电动车消防安全要求的体现。与之相关的小型灭火设备、电动车蓄电池监测系统，顺势成了商家创业的一片蓝海。

再看外卖行业。近几年，很多外卖商家开始用上了“封签”，看似不起眼的一张小纸片，却反映出消费者对食品安全的日益关注。为了顺应这一趋势，一些创业者开始研发基于区块链的食品溯源系统，将食品生产、加工、配送的每个环节透明化，让消费者买得更放心。

微观变化是商业市场最细微、最真实的信号。快递变慢，油价上涨，原材料涨价，乃至政策调整，这些现象背后，可能隐藏着巨大商机。关键在于你是否具备一双“鹰眼”，能够从生活细节里发现那些被一般人忽视的线索。记住，商业机会不是大风刮来的，它可能藏在生活中的任何一个角落，只等你用智慧和行动把它挖出来。

PART 2

小机会成就大事业：从起步到突破

2.1 小预算，大梦想：低成本创业成功案例解析

创业从来不是有钱人的专利。目前，市场上很多做得风生水起的成功人士以低成本起步，既不靠运气，也不靠祖荫，而是靠一套朴实无华却极有效的思维与行动法则。今天我们来拆解三个真实案例，看看他们在资源匮乏时如何找到破局之道，一步步走向成功。

刘飞的"煎饼革命"——从普通到特别，抓住情感和创意

刘飞辞职后回老家，靠最后几千块开了个煎饼摊。刘飞的成功绝非偶然。从表面看，刘飞只是一个普通的小摊主，守着普通得不能再普通的煎饼摊，他为什么能从众多煎饼摊中脱颖而出？答案是：他让普通的东西不再普通。

刘飞发现，街头小吃随处可见，每家都差不多，人们往往记不住哪家是哪家。刘飞决定让自己的煎饼特别起来。他把一张普通的煎饼打造成了社交媒体上的"小明星"：煎饼袋上印着个性化的图案，搭配幽默的标语，比如"这是一张改变你早餐格局的煎饼"；每款煎饼都有一个有趣的名字，比如"加班饼""表白饼"。

刘飞还特别注重与顾客建立情感联结。有位常客留言说自己准备去

告白，刘飞立刻在煎饼袋上写了句“表白成功，记得请我吃煎饼”。这种人情味让他在竞争激烈的早餐市场中脱颖而出。

刘飞成功的关键在于他懂得情感营销的力量，通过创意设计和幽默互动让普通煎饼拥有了独特的价值。

林伟的木头奇迹——从废材到精品，满足了个性化需求

林伟是个下岗工人，创业初期几乎身无分文，只能捡废旧木材做家具。他的成功并不是因为手巧，而是因为他敏锐地捕捉到了消费者未被满足的个性化需求。

一开始，林伟制作的是简单的花架和桌子，但这些产品在市场上毫无竞争力。他意识到，要想生存，必须让产品变得独一无二。他开始研究小众市场，尝试为家具赋予更多个性化元素：在桌面上嵌入特别的纹理，或者刻上客户指定的手绘图案，或者把每件家具的制作故事都记录下来，让客户觉得这不仅是一张桌子，而是一个有故事的艺术品。这种个性化定制迅速打动了一些讲究品位的消费者，他们愿意为独一无二的作品买单。

林伟还通过社交媒体展示自己的创作过程，用短视频吸引了很多追求个性的年轻人。

林伟成功的关键在于他通过精细化的市场定位和独特的设计，让自己在一个看似饱和的市场中找到了生存空间。消费者的个性化需求和对独特性的渴望成为他的突破口。

王珂的移动咖啡馆——从平凡到网红，创造场景，创新体验

创业之初，王珂既没有开咖啡馆的资金，也没有品牌资源，唯一

的资产是一辆旧货车。他的移动咖啡馆最初只是为了生存，但最终却成了城市文化的一部分。这一切的关键在于他卖的不是咖啡，而是场景和体验。

王珂在社交媒体上提出了“城市流浪咖啡车”的概念，每天随机选择一个地点，并在社交平台上提前预告地点，吸引了许多猎奇心重的年轻人。为了增强吸引力，他设计了手绘咖啡杯，每一杯都独一无二。他同时还搞一些优惠活动，鼓励顾客拍照打卡并分享到社交媒体。

除此之外，他还特别注重消费者的情感体验。有顾客问他：“为什么咖啡车老是换地方？”王珂幽默地回复：“我想让每个人都能偶遇咖啡的浪漫。”这种文艺气息让他的咖啡车成为一种生活方式的象征，成功进入了消费者的心里。

王珂成功的关键在于他巧妙运用了场景营销和社交传播，把一杯普通咖啡变成了情感符号和城市文化，满足了消费者对新奇体验的追求。

在本章接下来的内容中，我们将详细拆解以上创业者成功的共同逻辑和其中隐藏的商业知识。创业路上，资金固然重要，但真正的决定性因素是你是否足够懂市场，是否足够热爱这份事业，是否愿意用创意去弥补资源的不足。只要你能找到消费者的痛点，唤醒他们的情感共鸣，就算是从零开始，也能走向非凡的未来。

2.2 服务中的金矿：用“客户第一”的理念挖掘商机

在商业世界，服务是核心竞争力之一。随着消费者需求的个性化和精细化，服务早已成为一片广阔的市场，暗藏着无数掘金的机会。要在服务中找到商机，你需要的除了努力，更重要的是对趋势的敏锐洞察和对客户心理的深刻理解。

从 4P 到 4C：服务逻辑的进化

曾经，营销的四大法则——产品（Product）、价格（Price）、渠道（Place）、促销（Promotion），简称“4P”——主宰了商业领域的思维方式。你只要把产品做好，价格定得合理，渠道铺得广，促销打得响，就能大获成功。但随着消费者的决策思维逐渐从被动接受转为主动选择，4P 法则正在让位于以客户为中心的 4C 模型：客户需求（Customer Needs）、成本（Cost）、便利性（Convenience）和沟通（Communication）。看起来是不是有点高深？别担心，我们用更简单的语言来拆解这些概念，让你能轻松理解并用到实际创业中。

今天的创业不再是单纯地卖什么东西，而是挖掘客户的需求，明白客户想要什么。如果你能站在客户的角度重新审视服务流程，就会发现：

客户需求的背后隐藏着巨大的商机。

客户需求：一切从“爽点”出发

当你掌握了客户真正的需求时，你的服务就已经成功了一半。外卖行业的蓬勃发展就是一个典型例子。早期的外卖是为了满足消费者“饿了没时间做饭”的需求。如今，它已经变为满足消费者“想要迅速拥有一顿高品质餐食”的即时需求的服务。

》案例：喜茶的“灵魂奶盖”

一开始，奶茶店的竞争重点是口味和价格，但喜茶发现，客户不仅想要喝一杯奶茶，还希望有一种仪式感。于是，喜茶推出了奶盖系列，甚至教顾客“先舔奶盖，再喝奶茶”的喝法，成功把普通饮品变成了一种体验式消费。而后，喜茶又推出限时配送服务，将“现做现送”的新鲜感融入消费体验，大幅提升了客户的满意度。

成本：让消费者觉得“值”才是硬道理

4C 模型的第二个要点，是让客户觉得花的钱“值”。这不是价格的问题，而是让客户觉得其买单获得的价值远超支出的价钱。

》案例：拼多多的“拼”文化

拼多多的成功离不开对“性价比心理”的精准捕捉。它不是简单地打价格战，而是通过“拼团”模式激励用户进行社交互动，让人既享受了优惠，又在朋友们面前“炫”了一把。试想一下，你买了一箱苹果，告诉朋友“我只花了9块9”，这已经成了一个带有炫耀性质的消费故事。这种双重价值，是拼多多抓住消费者的关键。

便利性：想客户所想，提供极致服务

“便利”不是简单的快，而是让服务真正融入客户的生活中，让他们觉得“一切都很顺滑”。近年来，“即时服务”和“全场景覆盖”正在成为新的行业趋势。

案例：美团的“全能骑手”

美团的服务早已不局限于送餐，而是逐步延伸到买药、买菜、送文件，甚至代取快递、修家电等多元化生活场景。用户不出门，就能处理完一天的琐碎事务。比如，深夜突然发烧时，可以通过美团买到急需的退烧药；因加班忘记买菜时，也能即时下单、一小时内送达。美团通过打造“万物皆可送”的生态系统，把便利服务做到了极致，真正满足了人们在不同生活情境下的即时需求。

沟通：与客户交心才能走得更远

今天的客户不再只是从商家“接收信息”，他们更希望和品牌建立积极的互动关系。沟通的意义在于用真诚和创造力打动客户的心，让他们不仅是消费者，还是忠实的品牌伙伴。

案例：星巴克的“会员宠爱”

星巴克的会员体系堪称行业典范。它并不是简单地送积分，而是通过定制化服务与客户建立情感联结。比如，生日当天赠送专属饮品，或者为客人提供一杯独特配方的“私藏咖啡”。这种“客户至上”的沟通方式，不仅提高了复购率，还让星巴克成为许多人生活方式的一部分。

总的来说，4C 是对 4P 的升级，前者更加关注消费者的需求与体验，而不只是一味地推销产品。在这个以客户为中心的时代，商家们不再仅仅是卖产品，而是通过与消费者互动，提供符合消费者期望的价值与体验。了解这些变化，并根据 4C 模型去调整你的市场策略，能够帮助你发现更大的商机，真正打造出与消费者心灵相通的品牌。

所以，下次在想“如何让产品卖得更好”时，不妨先从“如何让顾客满意”这个方向思考。你会发现，金矿就藏在那些微小却深刻的服务细节里。

趋势背后的本质：满足欲望，创造惊喜

总结以上成功的服务模式，我们可以发现，真正打动客户的服务具备以下三个特征：首先，理解客户的情感和理性需求，无论是即时满足，还是关于性价比的心理暗示，服务的第一步始终是读懂客户内心。其次，将服务融入生活场景，从下单到体验，服务不再是产品的“附加值”，而是消费者生活的一部分。最后，超越期待，制造惊喜，在最平凡的场景中创造不平凡的体验，既是服务的艺术，也是挖掘商机的绝佳机会。

“客户第一”的理念不是一句口号，而是一把发现商机的万能钥匙。每一个微笑、每一句暖心的话语，都可能成为连接客户的纽带；服务的每一个细节，都可能隐藏着一个等待你开掘的金矿，用心服务，商机自然滚滚而来。

2.3 不起眼的财富源：冷门市场的机会挖掘

每个人都想站在创富的大风口，“搭个顺风车”赚个盆满钵满。但很多时候，财富并不在那些令人眼花缭乱的热门行业中，而是在那些不起眼、常被人忽略的冷门市场里。冷门市场也会潜藏着巨大的商机，只需要你有一双“火眼金睛”，发现其中的“财富密码”。

看似不起眼的小众市场，真能大赚一笔？

我们常常把注意的焦点放在那些响亮的品牌和流行的产品上，觉得它们才是赚钱的王道。其实，相比热门行业，冷门市场让创业者更有机会获得成功。对创业者来说，冷门市场的价值，恰恰就在于“冷”。冷门市场不受大众瞩目，竞争相对较小。在冷门市场，一旦你解决了消费者的痛点，就能获得较大的市场份额。

你可能觉得这个说法有点空洞，没关系，我们来用几个实际的例子证明一下。

1. 口罩市场的“反向思维”

口罩，曾经是大家最不在意的东西。新冠疫情暴发，口罩成了全球市场的必需品。许多商家蜂拥进军这一热门市场，但也有一些眼光独到的创业者发现了冷门市场的潜力。比如，某些专门生产时尚口罩的品牌并没有单纯地跟风卖防护口罩，而是推出个性化定制口罩，设计上融入流行元素，甚至与知名艺术家、品牌联名。这些“艺术品”口罩不仅解决了防护问题，还迎合了消费者追求个性化、彰显品位的需求。

疫情期间，很多商家在跟风做防护口罩，但忽视了消费者对口罩外观和个性化的需求。那些早早瞄准细分市场、为消费者提供有趣口罩的商家，不仅在疫情期间生意爆棚，还成功带动了时尚口罩的潮流。

2. 迷你健身房的崛起

健身是个热门行业，特别是在一线城市，健身房数量多得数不清，竞争也非常激烈。大多数健身房老板想着如何吸引更多人来办卡，而忽略了不同消费群体的多样化需求。与此同时，有人瞄准了“冷门市场”——迷你健身房。

迷你健身房不同于传统的连锁健身房，它通常只配备有限的器械、设备和课程，面积也不大，只面向特定的、需求比较高端的人群或特别注重隐私的人群。这类健身房价格偏高，通过提供定制化服务，让顾客感觉非常个性化和舒适。比如，有一位健身爱好者在大城市工作，每天忙得像陀螺，根本没时间去传统的大型健身房，这时迷你健身房的定制化服务和灵活预约制度就非常适合他。由于设施较为简洁，不需要太高的运营成本，迷你健身房的盈利空间也非常可观。

通过这种“冷门市场”思维，商家抓住了健身行业的一个痛点，满足了很多消费者的个性化需求，取得了不错的效果。

3. 老年用品的升级换代

随着社会老龄化的加剧，老年服务逐渐成为一个被忽视但潜力巨大的市场。曾几何时，老年用品似乎就是简陋的拐杖、劣质的假牙和单调的老年服装。但现在，聪明的商家已经意识到，老年人也渴望高质量、有品位的生活。一些专门面向老年群体的时尚品牌和高端产品悄然出现。

有些品牌推出了为老年人量身定制的智能家居产品，从智能门锁到自动照明系统，有些甚至可以监控老人的健康状况。这样一来，老年人不仅能够享受到便利的生活，还能通过科技手段确保自己的安全和健康。也有商家推出老年时尚服饰，摒弃传统的“保暖但丑”的款式，根据现代流行元素设计出既舒适又好看的老年衣物。

老年群体，虽然相较于年轻群体不太引人注目，但依然拥有庞大的潜在需求。很多品牌商家开始关注并满足老年人的需求，给他们带来了高质量的生活方式，从而打开了这片“冷门市场”。

为什么冷门市场能带来巨大的商机？

首先，在冷门市场，因为关注度小、参与者少，竞争压力相对较小。其次，在冷门市场，消费者的忠诚度更高，因为他们没有太多的选择，商家只要能够解决他们的痛点，就能迅速赢得市场份额。最后，冷门市场通常没有巨头企业的垄断，这使得小商家有机会凭借独特的产品或服务在市场中占有一席之地。

此外，冷门市场往往有很强的差异化需求，这些需求虽然不被大众关注，可一旦被挖掘出来，往往能形成强大的市场效应。针对某些小众群体的需求设计产品，不仅能带来高利润，还能形成较强的品牌黏性，帮助商家建立稳定的顾客基础。

冷门市场并不意味着没有机会，反而可能是你快速成功的捷径。在这个信息爆炸、竞争激烈的时代，冷门市场有可能隐藏着巨量的财富。在这些冷门市场中，创业者独具慧眼，抓住那些被众人“忽视”的需求，创新和精准定位自己的服务，定能获得一片属于自己的蓝海。别再抱怨市场竞争激烈，瞄准那些冷门市场，你或许会发现一个巨大的商机、一个崭新的世界。

2.4 创业的破局点：用独特性打破市场格局

市场这么大，竞争这么激烈，我到底能不能从中分一杯羹？这是每个创业者在初创阶段都会思考的问题。大多数人会选择模仿那些成功的企业，复制他们看似有效的成功模式。殊不知，市场的破局点藏在“独特性”里。想要从千篇一律的市场中脱颖而出，你需要的不仅是好产品，还要有能打破常规、颠覆市场的独特性。只有找到自己的“独特卖点”，你才能打破市场格局，走得更远。

为什么“独特性”才是创业的制胜法宝？

那些创业成功的公司，它们并不是简单复制前人做过的事，而是从根本上改变了市场的“游戏规则”。Airbnb（爱彼迎）是一家联系旅游人士和家有空房出租的房主的服务型网站。它并没有开发什么新的住宿方式，而是让“住宿”这个原本属于酒店的领域变得更加人性化和多元化，让全球的房东和旅客可以直接对接，从而成功破局。再比如苹果公司，它并不是发明了手机，而是创造了一种全新的用户体验，打破了传统手机的设计格局，颠覆了市场对手机的定义。

这些公司之所以能够成功，就是因为找到了市场的空白，突破了传统行业的固有局限，创造了全新的服务方式以满足市场需求。它们的成功不仅仅在于技术创新，更在于“独特性”。这种独特性让它们在市场竞争中独一无二，无可替代。独特性成为创业者创业成功的制胜法宝。

如何打造独特性？

1. 聚焦细分市场

许多大企业和传统行业创业者总是将目光放得太广，试图满足所有人的需求。现实是，市场的“大蛋糕”已经被切割成许多小块，想要获得成功，需要聚焦细分市场，找到那些被忽略的需求。举个例子，宠物用品行业近年来的爆发，不仅仅是因为宠物文化的兴起，更多的是因为市场中的细分需求，比如专门为猫咪设计的美食、衣物以及护理产品。宠物细分市场虽然总量小，但竞争者也相对较少，且客户黏性很高，那些瞄准宠物细分市场的小公司，能够凭借自己的精准聚焦锁定客户，迅速形成自己的品牌影响力。

2. 新产品和新服务

产品或服务的创新是创业成功的关键。它不仅能让你摒弃同质化竞争，在市场中脱颖而出，还能帮助你创造全新的市场需求。比如，滴滴出行最初的成功并不是单纯通过技术手段让“打车”变得更加便捷，而是通过共享经济模式让整个行业发生了根本性的变化。通过创新产品或服务，创业者不仅可以满足客户的显性需求，还能挖掘他们潜在的需求，进而创造出全新的消费市场。

3. 从用户体验出发

无论是产品设计、服务流程，还是与客户的互动方式，良好的用户体验总是能够让你与竞争对手拉开差距。传统的“以产品为王”的思维已经过时，客户体验才是赢得市场的关键。例如，ZARA（知名服装品牌）的成功除了衣服款式的更新，还在于它以快速反应的生产链和灵活的门店设计创造了独特的购物体验，让消费者在每次逛店时都能有新鲜感。

4. 打破传统行业界限

有时候，创业者能获得突破，是因为他们打破了不同行业之间的界限，实现了跨界融合的创新。比如 Tesla（特斯拉），你很难简单地说它是一家汽车公司，或能源公司，或科技公司。特斯拉通过能源、汽车和科技三者的融合，打造了全球市场独一无二的新能源汽车品牌。同时，Tesla 在整个用户体验上也进行了大量的创新——从互联网在线更新到自动驾驶功能，几乎所有的设计都围绕着“未来科技”进行。这种创新让它成功突破了传统汽车制造的局限，成为行业的领军者。

突破的案例：以“独特性”成为市场领导者

下面两个成功案例中，品牌经营者都通过独特性成功改变了市场格局。

案例一：碧桂园的逆袭之路

碧桂园的成功，正是因为通过“逆传统”的方式，抓住了一个市场痛点——低成本、高品质住宅。当大多数地产公司都将豪华住宅作为卖点时，碧桂园却逆势而动，决定为普通消费者打造实用且性价比高的住宅。通过利用规模效应和智能化建筑设计，碧桂园成功开辟了大众住房市场，并借此突破了房地产行业的瓶颈，最终成为中国房地产的领军企业。

》案例二：小红书的精准社交电商模式

小红书的独特性体现在它将社交和电商结合在一起，创造了“内容驱动”的电商平台。通过让用户分享购物心得和真实体验，小红书吸引了大量粉丝，成功打破了传统电商平台单纯以低价为竞争点的局限，将“真实与分享”作为核心竞争力，从而在激烈的市场竞争中迅速脱颖而出。

创业路上的“破局点”，并不在于跑得有多快或者有多么大的资金量，而是在于是否能通过独特性打开市场的大门。从细分市场到跨界融合，创业者用创新的产品、服务和思维方式，打破常规，迎来突破。只要你找到了自己的“独特性”，市场的格局就会在你面前悄然改变，成功也就不再遥不可及。

2.5 创新是最好的“跨界”：打破边界，创造独特的市场机会

创业，就像开车旅行，时常需要转弯，只有及时改变方向才能发现新的风景。你的商业机会不会在已经被人走遍的路上，而是会在一些看似不起眼的交界处，在那些“没人注意”的地方。所谓“跨界”，并不是将完全无关的行业拼凑在一起，而是打破固有的行业边界，在碰撞和融合中，找到那些最具颠覆性的创新机会。

一个经典的跨界成功案例就是共享单车。原本，人们出门时，常规选择是走路、搭公交、打车。共享单车的出现，巧妙地将“短途交通”和“互联网＋”结合起来，解决了城市交通的“最后一公里”问题。借助智能硬件、App（应用程序）平台和大数据，共享单车一跃成为一种新型的出行工具。没有车队，没有高昂的维修成本，也不需要庞大的仓库和零售商店，共享单车的整个商业模式就像用碎片化的资源组合而成的魔方，简单又高效。

再看看最近火爆的Pop-up Store（快闪店）模式，这个看似简单的零售概念，背后却有着深刻的跨界思维。品牌商利用短期设立的实体店，将线下零售与互联网营销结合，在线上和线下形成闭环。你会发现，原本在传统商业模式下需要长期租赁商铺、铺货、管理的成本，被快闪店精简到极致。借助社会化媒体和互联网传播，快闪店几天内就能吸引大

量顾客。比如，耐克最近推出的快闪店，不仅设计了与消费者互动的活动，还利用限定款和联名产品激发了消费者的购买冲动，真正做到了让品牌和消费者“亲密接触”。

说到跨界创新，你可以看到，越来越多的行业都在尝试“混搭”——从时尚到科技，从餐饮到娱乐。你可能觉得智能家居这一领域已经足够成熟，但在跨界创新的推动下，一些小众领域如“智能厨房”开始崭露头角，使智能家居领域变得更加广阔，市场无限延伸。一个能自动调节温度、带有智能菜谱的智能烤箱，不仅能帮你解决“不做饭是因为对厨房的抗拒”这一老大难问题，还能根据你的口味和身体需求智能推荐菜单。这个跨界融合的例子，让智能硬件与日常生活的需求紧密结合，逐步打开了一个全新的市场。

那么，跨界创新成功的关键是什么？很简单，就是要有不拘一格的思维。比如，你将“健康管理”和“科技”结合，开发了一款可以监测人体各项指标的智能手表。健康和科技两个领域的结合，满足了现代人对健康生活方式的需求。通过智能手表，你既能够实时监控心率等运动数据，还能根据饮食习惯获得个性化的健康建议，甚至在智能手表的帮助下合理地安排作息。跨界思维就是观察消费者需求，结合他们日常生活中的痛点，找到两个不同领域的切入点，创造出全新的价值。

再比如，在餐饮行业，不少品牌都开始采用“外卖 + 社交”的跨界新模式。通过外卖平台，你不仅可以点餐，还能和朋友分享菜品，甚至在平台上参与由餐厅组织的主题活动或“厨艺课堂”。这种将“社交”与“美食”结合的新型外卖平台，不仅吸引了大量年轻消费者，还为餐厅带来了更高的品牌曝光度和更强的客户黏性。简单来说，这是通过跨界思维激活了市场中未被发掘的需求，形成了新一轮的消费热潮。

因此，“跨界”不是将看似不相关的东西强行拼凑在一起，而是要利用你对市场需求的理解，将两者巧妙融合，创造出超越单一领域的全新价值。跨界成功的秘诀是在这些领域之间找到交集，通过创新思维打破传统商业模式的固有局限。

创新、跨界的力量无穷无尽。成功的创业者不会拘泥于自己单一的行业背景，他们敢于突破行业的局限，探索全新的领域与创业方式。正是这种不走寻常路的精神，成就了他们，帮助他们干下一番大事业。总之，商业机会一定存在，就藏在那些“未被触及”的地方，需要慧眼才能发现。只要你具备跨界思维，打开思路，敢于打破行业壁垒，就能发现商业机会！

PART 3

消费者的心智：情感与心理驱动

3.1 情感联结的力量：如何让产品触动消费者的内心

购物这件事，80% 靠感性，20% 靠理性——这 20% 的理性还经常打瞌睡。所以，品牌要想在消费市场闯出名堂，得学会跟消费者谈心、谈情，而不是谈钱。毕竟，很多时候，消费者掏钱是为了填补情感空缺或满足心理欲望。这一节，我们就来聊聊品牌如何摸透这点，用“情感牌”把消费者“撩”到心跳加速。

心理学告诉你的秘密：为什么情感先行？

心理学家丹尼尔·卡尼曼提出了双系统理论：人类有两个决策系统，一个是快速的情感直觉系统，另一个是慢速的逻辑思考系统。情感系统就像一辆狂飙的跑车，逻辑系统则像一辆上坡费劲的自行车。结果显而易见——我们买东西大多先由情感冲动做决定，后面再找借口让理智“补票”。

比如，你看到一个小众手作品牌的社交媒体视频，描绘了慢生活中制造产品的瞬间，会感觉“好温暖啊，支持一下！”而不是“这性价比太低了”。为什么？因为情感在第一时间击中了你。产品不再是冷冰冰的，仿佛它伸手递给你一个独一无二的故事——你认为自己不仅是在买东西，还是在参与一次有温度的创作。

情感联结有啥用？让他们爱你、离不开你

建立情感联结，就是让消费者从“我买过”变成“我离不开”。这就好比谈恋爱，只有感情到位了，才能把一段关系升级成“非你不可”。举两个让消费者对品牌“死心塌地”的例子。

1. 耐克：从鞋到梦想的距离

耐克的广告为什么总让人热血沸腾？那句“Just Do It”（尽管去做）已经不只是品牌口号，还是一种鼓励！你看那些跑步的视频、汗水飞溅的镜头，不会只想到鞋子多耐用，还会想到自己也能挑战极限。“我买耐克，不是买鞋，我是买勇气。”这就是耐克通过情感联结，把消费者和品牌绑在一起的诀窍。

2. 瑞幸咖啡：从一杯奶咖到每日仪式

瑞幸的成功，除了低价营销，还有它塑造的“自我奖励”场景。想想你在加班之余，点了一杯奶香浓郁的厚乳拿铁，那个瞬间是不是觉得世界都温柔了一点？这不仅仅是一杯咖啡，更是为自己的努力买单的一刻。瑞幸没在卖咖啡，它在卖“好好犒劳自己”的理由。

情感设计的操作手册：三个关键触发点

1. 用故事打动人

好品牌会讲故事，伟大的品牌会让消费者觉得“这个故事里有我”。比如，宜家的广告，不谈家具有多耐用，而是讲述家庭中温馨的瞬间：

孩子在书桌上偷偷画画，父母在沙发上依偎着看电视……宜家广告讲述的故事让你觉得，你不买它的家具，简直对不起与家人在一起的温情时光。

2. 创造归属感

星巴克凭什么让顾客觉得它贵得很值得？靠的就是“第三空间”的归属感。无论你是孤独码字的创作者，还是手捧大杯焦糖玛奇朵自拍的上班族，星巴克都给你一种“这里就是我的避风港”的归属感。这种归属感会让消费者对品牌产生黏性。

3. 借助社会认同感

社会心理学家所说的从众效应也很好用。人天生喜欢融入群体。例如，苹果公司的发布会每次都弄得像追星现场，疯狂传递“全世界都在用，你也赶紧加入吧！”的消费暗示。消费者潜意识会觉得不跟上潮流自己就落伍了。品牌通过创造一种社会普遍认同趋势，在情感上吸引（无形中形成一种情感强迫）消费者参与消费。

学术概念的落地：感情牌怎么打？

根据心理学认知失调理论，当行为和认知发生冲突时，人们倾向于调整认知来为行为找合理化理由。

品牌怎么利用这个理论来为自己服务？比如，口红的文案“买它不是因为贵，而是因为值得”，其中的潜台词——它虽然贵，但能让你觉得自己更美、更自信，带给你远超价格的情绪价值。消费者一边买一边心安理得地告诉自己：我是在投资未来，我得到了快乐，这点钱花得值。

再如服装品牌优衣库，它的情感理念是“极简却舒适”。当你穿上它的衣服时，不是为了炫耀有多潮，而是觉得“这样的我才是有品位的生活家”。这种低调但温暖的价值观会在消费者心里悄悄扎根。

消费者买东西，很多时候其实就是买感觉。品牌要懂得用情感桥梁连接产品与人心，把理性消费包装成感性满足。当消费者觉得“这个品牌懂我”时，在他心中，这个品牌就不再是普通的品牌，而是心中无可替代的一部分、生活的一部分。用一句话总结：动情，才有行动；懂心，才能成交。

3.2 父母之爱与家庭消费：挖掘儿童与亲子市场潜力

家长的钱包：打开就不可能合上

朋友们，你们知道对家长的钱包来说，什么东西比黑洞还可怕吗？是孩子。只要一提到孩子，家长的钱包瞬间就能被掏空。孩子那句“妈妈，我想要这个”，让大多数家长连多想一秒的时间都没有，直接买单。毕竟孩子就是家长的“心肝宝贝”。

1. 教育投资：比股票还烧钱的“稳赚不赔”

为了不“输在起跑线上”，教育的“军备竞赛”永无止境。早教班、奥数辅导班、钢琴课、美术班……要是哪家的孩子没学点啥，家长都不好意思和邻居打招呼。家长们坚定地认为，只要钱花对了地方，孩子一定会比别人跑得快、跳得高、飞得远。

以早教行业为例，大家以前一定听过 IQ 测算、左右脑开发等早教课程吧。曾经，“七田真”的右脑开发课程火得一塌糊涂，虽然其科学依据被质疑过，但家长们的信念如钢铁一般坚定！国内的一些教育品牌，比如“编程猫”，抓住了家长对未来技术的焦虑，用“编程就是新英语”的口号收获了无数订单。

更别提在线教育行业了。疫情期间，家长们争相给孩子报名在线课程，仿佛一夜之间，家里电脑要是没安装个网课软件，孩子就落伍了。作业帮、猿辅导、学而思网校，这些平台一时间成了家长的救命稻草，不仅帮孩子补上了知识点，也缓解了家长无法带娃上辅导班的焦虑。老师在屏幕里热情地讲课，孩子在屏幕后昏昏欲睡，家长却依然毫不犹豫地续费——因为他们坚信：只要交了钱，总会学到点什么！

为了给孩子创造更好的学习环境，不少家庭不断升级设备——从平板电脑到笔记本电脑，再到高清摄像头和降噪耳机，有的还添置了符合人体工学的学习桌椅，一副打造家庭专属学堂的架势。这些消费背后，藏着家长们对孩子教育的执着，即便孩子的学习效率有待商榷，家长的投入仍然坚挺——万一网课真的能让孩子考上清北呢？

各个平台顺势而为，不仅推出各种名师课程，还贴心地开发了学习报告功能，每天给家长发“今日学习总结”，详细列出孩子在线时长、完成作业量等数据，孩子的每一分努力都被量化和记录下来。这种直击家长痛点的设计，让网课成了疫情期间的一场现象级全民消费狂欢。

2. 健康守护：家长的焦虑造就了无数商机

孩子吃得好吗？喝得对吗？睡得香吗？家长们的这些问题就像一张无形的消费清单，每天都在更新。儿童健康市场就像是被这些问题催熟的果实，从营养辅食到智能硬件，每一个细分领域都暗藏着令人咋舌的财富。

先说“吃得好”。家长们的执念可不是普通的“三餐准时”，而是要精准到每一口的营养成分。“方广”婴儿辅食、“英氏”米粉这些品牌产品，以“天然无添加”“科学配方”的标签迅速占领市场。每一个包装袋上的“DHA”（一种多不饱和脂肪酸）、“益生菌”字样，都仿佛在告诉家长：这一口，孩子吃了就是赢在起跑线了！更有商家推出按月配送定制辅食的服务，根据孩子的年龄和体质进行个性化搭配，这听起来就比家长们随意搭配的“鸡蛋配青菜”专业多了。还有专门的儿童营养奶粉，不仅含有各种微量元素，还声称能够增强免疫力，让家长们把冲一杯奶的意义上升到了全方位守护孩子健康的高度。

再看“喝得对”。儿童饮水安全成了商家们的又一个角力场。一般的净水器已经不稀奇了，各大品牌开始专攻儿童饮水机市场，比如宣称“低温保温，防烫设计”的儿童专属款式，让孩子能自己动手随时喝到温水，安全又方便。

“睡得香”是家长又一个焦虑的点。Blueair（布鲁雅尔）看准了家长对空气质量的担忧，推出适合儿童房的小型空气净化器，声称能过滤掉99%的有害颗粒物，简直是雾霾天里的“健康神器”。家长们一听到“PM2.5被清除殆尽”，立刻就心甘情愿地掏钱。除此之外，儿童专用的安抚灯、智能床垫也层出不穷，从柔和灯光帮助入睡到实时监测睡眠质量，每一项功能都像是在为家长的焦虑开解药。

最让家长们“省心”的，当属智能硬件领域的各种新奇玩意儿。小米推出的儿童手表，以安全定位功能为基础，升级了运动记录功能，让家长不仅知道孩子在哪，还能了解孩子的运动状态。有的手表甚至能够监测体温，孩子发烧时手表会自动发出警报，比家长的直觉还靠谱。商家还开发出了各种儿童健康管理手机App，家长只要打开手机，就能查看孩子的成长曲线、日常活动量和健康评分，简直比请的私人医生还要贴心！

儿童专属家电的崛起也令人叹为观止。不仅是净化器，就连洗衣机也出了“儿童款”。比如带有高温杀菌功能的儿童衣物洗衣机，能够有效去除奶渍等各种难以描述的顽固污渍，彻底击中家长的痛点。一位宝妈在社交媒体上表示：“自从买了这台洗衣机，感觉孩子的衣服比我的还干净，满足感爆棚！”

从食品到家居产品，再到智能穿戴设备，儿童健康市场的“多点开花”背后，是家长们无止境的焦虑和对健康的执着追求。商家们深谙这个道理，用看似小众的需求抓住了大众的心。在这个市场里，家长掏钱买的从来不是单纯的产品，而是一份安全感和对未来的笃定。

3. 陪伴消费：时间买不到，但服务可以

忙碌的生活让现代父母感到时间就像握不住的沙子，为了补偿对孩子陪伴的缺失，他们开始寻找更高效、更有质量的陪伴方式。陪伴消费应运而生。这类消费不仅满足了孩子的需求，还缓解了父母心中的愧疚。

从亲子乐园到亲子旅行，这些体验式消费逐渐成为家庭支出的重要组成部分。迪士尼乐园便是陪伴消费市场的“头号玩家”。家长们刚开始或许觉得门票价格太贵，钱包很“受伤”，但当看到孩子们穿着可爱的衣服、握着米奇棒棒糖在城堡前欢快地蹦蹦跳跳时，又觉得所有的付出都得到了补偿。迪士尼提供的并不是单纯的游乐项目，而是一段可以成为回忆的“童话故事”。孩子感受到了魔法，父母则感受到了孩子的快乐，双赢！

还有 Club Med（地中海俱乐部）全包式度假村。不同于传统旅行的“东奔西跑”，这里的度假理念是“一站式体验”。父母可以安心地享受美景、SPA（水疗）和美食，孩子们则参加专门的儿童俱乐部活动，从烹饪课到小小探险家训练营，精彩纷呈。很多家长表示，这样的度假不仅是身体的放松，更是一场心灵的修复，因为他们终于找到了在忙碌的生活中和孩子共处的缓冲地带。

陪伴消费并不局限于外出旅行，在家里的亲子互动同样能被“商业化”包装得精彩纷呈。科技的进步让这一领域焕发出了新的生机。Switch（任天堂游戏机）推出的互动游戏成为许多家庭的必备休闲神器。试想一家人

聚集在客厅里，通过游戏设备进行“虚拟拳击赛”或者“跳舞机比拼”，欢笑声充满了整个房间。这样的场景，既让孩子感到父母的陪伴，又让家长在娱乐中完成了健身任务，真可谓一举两得。

不仅在娱乐领域，亲子之间的陪伴还延伸到了教育领域。拼图、DIY手工套件这些简单却趣味十足的产品近年来销量大增。一些商家推出了互动式科学实验包，家长和孩子可以一起完成小型实验，比如制作火山喷发模型或种植迷你植物。这些活动不仅让孩子学到了知识，还让家长们成为超级英雄般的存在。

不完全以儿童为目标群体的商家也可以通过满足父母的需求提高市场竞争力。国内一家主打亲子主题的咖啡馆，除了提供饮品和点心，还设计了专属的亲子互动区。这里有软垫拼接的迷宫、涂鸦墙和益智玩具，父母可以在品尝咖啡的同时与孩子一起游戏，或者让工作人员带领孩子玩耍，自己稍作休息。一位常客表示：“虽然咖啡贵了一点，但能享受到这样的亲子时光，感觉值！”

陪伴消费抓住了现代家庭的核心需求——情感补偿。家长们需要一种看得见、摸得着的方式去弥补缺失的亲子时间，服务提供商则用创意和技术将这份需求转化为一场温暖的体验。在这样的消费场景里，家长们掏钱掏得心甘情愿，因为他们买的不是简单的产品或服务，而是一份“让时间有质量”的回忆。

为何亲子市场永远是“朝阳产业”？

1. 补偿心理：消费即爱

家长们总觉得自己陪孩子的时间不够，于是通过消费弥补这种遗憾。

一套定制的亲子装、一顿丰盛的亲子餐、一趟说走就走的家庭旅行，都是家长用消费表达爱意的方式。

2. 社交攀比：消费即“炫耀”

朋友圈里的家长比的早已不是孩子成绩单上的分数，而是孩子用什么、穿什么，甚至去哪儿、学什么。孩子不仅是家长的心肝宝贝，还是社交场上家长的名片。为了不“输在朋友圈”，家长们更愿意为高端产品买单。

3. 高频复购：从奶粉到大学教育

儿童消费的一个显著特点是周期长且频率高。一个孩子从出生到成年，经历的每个阶段都有新的消费需求，这种刚需特性让亲子市场成了品牌“长线投资”的领域。

成功亲子品牌的制胜秘诀

1. 用情感打动人心

成功的亲子品牌总能找到家长心灵深处的软肋。比如，麦当劳的“开心乐园餐”，不仅符合孩子的喜好，还让家长觉得自己用少量的钱换来了孩子的满足和笑容。再比如，迪士尼乐园，它卖的不是门票，而是全家人共享的美好记忆。

2. 强调产品的安全性和健康属性

“好孩子”这个品牌之所以成为家长心中的国民童车首选，就是因为它不断强化安全性能与高端设计感。还有像 Earth's Best（爱思贝）这样专注于有机婴儿食品的品牌，也用实际行动赢得了家长的信赖。

3. 善用科技提升用户体验

技术的进步让亲子产品更智能、更贴心。小天才电话手表，通过精准定位功能解决了家长对孩子安全的焦虑；智能辅食机帮助家长轻松搞定孩子的日常饮食，让家庭生活更加便捷。

如何抓住亲子市场的未来？

随着科技的发展，会有更多像小米儿童手表这样的智能产品不断涌现，技术与亲子需求结合的创新点无穷无尽。从耐克的定制亲子鞋到迪士尼的专属旅行服务，定制化成为潮流，个性化体验将是未来的主旋律。同时，可发展社区化运营，通过建立品牌社区，与家长和孩子形成长期的互动，比如分享育儿知识、举办线下活动等，增强品牌黏性。

家长对孩子的爱是一片广阔的蓝海，如何用创新与真诚打动家长，将决定一个品牌能走多远。

3.3 女性消费崛起：自我实现背后的巨大商机

有人说，女人和市场的关系就像薛定谔的猫：你永远猜不到她们下一秒想买什么，但你绝对知道她们会买。这种不可捉摸又极具爆发力的消费行为，正推动着一个庞大的经济板块迅速崛起。女性消费者用她们的消费观与生活态度，为市场书写了一段传奇，而自我实现背后是巨大的商机。

职场女性：消费是我的铠甲

职场女性的消费行为，可以总结为一句话："让消费为我开挂！"从服饰到教育，她们的每一笔消费都直指目标，毫不含糊。

先聊聊衣柜里的"战袍"。对于职场女性来说，一套合适的套装不仅是一套衣服，更是一种信心。某时尚平台曾指出，商务简约风格的服装在 30 ～ 40 岁女性中销量有显著增长。像优衣库的免熨烫系列、西装品牌 Theory（思睿）的极简风格产品，都成为她们衣柜里的"常驻选手"。这些衣服并没有很多花哨的设计，但它们承载了女性对职业成功的期望和面对挑战时的镇定。

不仅仅是穿着，职场女性对个人成长的投资也毫不吝啬。比如，在线教育平台 Coursera 的一份调查显示，全球女性用户占总学习人数的 55%，这些课程多集中在“管理学”“市场营销”等提升职场竞争力的领域。正如一位学员在社交平台上感慨的那样：“别人买包包，我买知识。知识不能背，但能带我去更高的地方！”

悦己主义：给生活加点甜

提到女性消费，绕不过的话题就是“悦己”。曾几何时，护肤品广告都在强调“取悦他人”，而现在，广告流行语已经变成了“让自己开心最重要”。

护肤品市场是“悦己经济”的重点关注区。高端护肤品牌 La Mer（海蓝之谜）一瓶小小的面霜动辄三四千元，但销量却年年攀升。更有趣的是，“成分党”的崛起让女性消费者变成了半个化学家。她们会仔细研究产品说明里的每一种成分：透明质酸是什么？维生素 C 和维生素 A 能不能一起用？“买护肤品的过程比上化学课还长知识”，某美妆博主如是说。

不仅是护肤，美容仪器也成了悦己主义女性的新宠。家用美容仪器品牌如雅萌、TriPollar（初普），主打“在家实现医美级效果”。不仅省了去美容院的时间，还赋予女性一种“我掌控我的美”的自豪感。如果连“熬夜脸”都能靠美容仪修复，还有什么不能自己解决？

健身行业乘势抓住了悦己主义这一巨大商机。女性意识的崛起，使她们正逐渐放弃“白幼瘦”，追求健康自然的力量美。从“马甲线计划”到“蜜桃臀训练”，健身房早已变成了社交媒体的流量密码。健身博主们用自己的成功案例鼓励越来越多的女性走进健身房。瑜伽垫、哑铃、运动服这些看似平凡的物件，在短短几年内催生出千亿级的市场。

家庭消费：聪明的女人撑起一片天

别以为女性只关心自己，实际上，她们才是家庭消费的核心决策者。女性对家庭消费的“精心”一点不比关心自己少。就拿儿童产品来说，妈妈们对质量的追求几乎可以用“偏执”来形容。从进口奶粉到无添加辅食，再到能检测水温的智能奶瓶，一切细节都逃不过她们的火眼金睛。

还有智能家居，真正赢得女性青睐的产品不是功能复杂的炫酷家电，而是那些能帮她们省时省力的小神器。扫地机器人已经成了新一代“家庭必备”，洗地机这个新物种的出现更是成功掀起了家庭清洁的风潮。一位用户在商品评论区写道：“买了洗地机后，我连打扫卫生都变成享受了，原来这就是被生活治愈的感觉。”

情感消费：钱能买到快乐

在女性的消费版图上，还有一个不可忽视的领域，那就是情感消费。从心理咨询到宠物消费，她们愿意投资内心世界的幸福。

某心理咨询机构的数据显示，女性客户占其总客户的 80% 以上。这些消费者不仅愿意为一小时的咨询买单，还积极参与各种情绪管理课程，使用线上冥想 App，比如 Calm 和 Headspace。一位冥想爱好者开玩笑说：“花 50 块买一份平静，比买一只平价口红更实惠。”

宠物消费的火爆更离不开女性的贡献。从进口宠粮到宠物摄影服务，再到猫咪玩具和狗狗衣服，她们在宠物消费上倾注了大量心血。“吸猫经济”的崛起，已经让猫粮市场年销售额突破千亿元。在微博上，一位“铲屎官”感叹道：“我家猫比我吃得还好，但只要它喵一声，我就觉得值了。”

女性消费的崛起，是社会发展和经济结构调整的结果，也是女性自我意识觉醒的体现。对于女性消费者来说，消费不仅是为了生活，还是为了让生活更有意义。从衣柜里的“战袍”到内心世界的“疗愈”，女性正在用消费选择重新定义市场规则。对于商家来说，抓住女性消费者的心，就把握住了商业竞争的未来。

3.4 男性消费市场：被低估的潜力群体

在消费市场，女性通常被认为是消费主力，男性则常常被描述为“随便买买就好”的背景板。如果你真的以为男人只会买烟、酒、剃须刀，那可就大错特错了。近年来，男性消费市场的潜力正在被不断发掘，从颜值经济、健身潮流到兴趣消费，男性用实际行动证明：消费这件事儿，男人同样很在行！

颜值经济：精致男孩的“面子”之战

过去几年，“直男护肤”不再是调侃，而是货真价实的市场风向标。数据显示，2024 年男性护肤品销售额较上一年增长了近 30%，男性在护肤、理容上的平均花费首次突破 1000 元/人。这一切都归功于“精致男孩”们对颜值管理的高度重视。

曾经，男性的洗护套装可能只有肥皂和剃须刀，但如今的洗手间里却摆满了洁面乳、爽肤水和精华液。从社会学的角度看，这种变化不仅仅是市场行为，还是一种观念的进步。在职场上，干净、得体的外表是个人形象的加分项；在各种社交平台的镜头下，高颜值成为博取关注的捷径。

现代社会对男性颜值的关注度逐年攀升。某时尚杂志的调查显示，超过70%的男性认为“得体的外貌”对职场成功和社交自信至关重要。这一趋势推动了理然、杰威尔等男性护肤品牌的崛起。它们精准洞悉男性心理，主打简单、高效的“懒人护肤”。一句“男人就该有男人的护肤品”将“阳刚”与“精致”自然结合，轻松赢得消费者的心。

香水消费，传统上被认为是女性的天下。事实上，男性香水早已在市场中占据了重要位置。香奈儿的“蔚蓝”香水，以其清新又沉稳的香调，成为商务男士的经典选择；爱马仕的“橘绿之泉”，用优雅的草木香抓住了那些以品位立身的男士。香水在职场和约会场合中已不再是点缀，而是身份和品位的象征。

这一切的背后，是男性时尚意识的逐渐觉醒。与女性市场追逐“流行款”不同，男性时尚更注重“经典款”。这一点在奢侈品牌的男性产品线中表现尤为突出。从路易威登的限量手袋到普拉达的简约夹克，男性消费者愿意为“品质”买单，而不只是追逐潮流。时尚赋予了男性更多自我表达的机会，同时也在推动颜值经济的不断升级。

如果说护肤是男性颜值经济的起点，那么化妆则是男性颜值经济的新疆域。从BB霜（瑕疵修复霜）到修眉刀，美妆市场的“他经济”正在崛起。数据显示，在20～35岁的年轻群体中，2023年男性美妆产品的销售额较上年增长了40%。修容粉、遮瑕膏这样的产品，不再是男明星和男性模特的专属，已逐渐走入普通男性的生活。

社交媒体为这一趋势提供了绝佳的展示平台。一位95后的男士在社交媒体上分享道：“高清摄像头让我们无处藏身，所以我只能靠BB霜自救。”类似的分享让更多男性意识到，美妆并非“不阳刚”，而是现代生活的一部分。

男性颜值经济的崛起，还反映出审美标准的变化。过去，男性的“魅力”更多被定义为粗犷、阳刚，而如今，细腻、精致这类有些中性化的审美正在被广泛接受。韩国的K-POP（韩国流行音乐）明星便是这一趋势的代表。他们精致的妆容、考究的穿搭成为很多男性效仿的对象，也带动了男性护肤品和化妆品的热销。

随着男性护肤市场的逐步成熟，“健康”将成为颜值经济的新主角。越来越多的品牌开始推出抗老、防晒主题的产品，以迎合新消费群体。此外，科技也在为男性护肤赋能，智能护肤设备、个性化皮肤测试等新产品和服务让护肤体验更专业、更便捷。

男性颜值经济的崛起，不仅反映了市场需求的变化，也体现了社会观念的进步。在这个“精致至上”的时代，男性用实际行动证明：“面子”不分性别，它是值得每个人都投资的潜力股。

健身潮流：从“健身房猛男”到“家用器械达人”

与女性健身市场一样，男性健身市场也是一座金矿。根据艾媒咨询的统计，中国健身市场中，男性用户占比高达60%，他们的消费不仅在健身房的会员卡上，还延伸到了各种装备与器材。

哑铃、拉力绳这些传统健身工具已经不足以满足男性健身需求，“黑科技健身器械”成为他们的新宠。智能哑铃可以根据使用者的需求灵活调节重量。某品牌的销售数据显示，2023年这款产品的销量同比增长超过50%。智能健身镜不仅可以监测动作，还能实时提供指导，“家里挂个镜子，随时健身”的宣传语瞬间让不少男性掏了腰包。

此外，蛋白粉和健身补剂的销量也在飞速增长。一位消费者在购物评论区中调侃道：“吃了蛋白粉才觉得自己能对抗熬夜秃头的命运。”看得出来，健身不再只是为了身体健康，还是一种与自我对话的方式。

兴趣消费：男人的“兴趣”也志在千里

有人说，男人的钱难赚。错！男人的钱只需要找到正确的出口，它就会像断了线的风筝一样飞出去，头也不回。在这些“出口”中，兴趣消费无疑是最具潜力的一个。电竞设备、手办收藏、户外露营……只要能击中男人的兴趣点，他们就能为兴趣买单，分分钟掏空钱包。

1. 电竞设备：装备升级，战绩还是老样子

电竞行业的飞速发展让不少男性甘心为装备买单。机械键盘、电竞椅、高刷新率显示器，这些曾经看似高端的电子产品，如今成了游戏玩家的“标配”。根据某电商平台的统计数据，2024 年高端电竞设备的销量比上一年增长了 25%。

电竞玩家的逻辑很简单：装备必须到位，至于战绩，那是另外一回事。一位游戏博主在社交媒体上幽默地写道：“用一套顶级装备坑队友，比用烂键盘坑队友看起来更有说服力。”这一切不禁让人感叹：装备的魅力，大概就在于让你输得“很体面”。

更有趣的是，电竞设备带来的“仪式感”。一把机械键盘，不仅是打游戏的工具，更是“赛博仪式”的核心。一些玩家甚至会为键盘配备彩虹灯效，“打得差无所谓，灯效却不能输给对面”。显然，在电竞设备领域，男人买的除了功能，还有那份氛围感。

2. 手办与收藏：投资与情怀的微妙平衡

谁说只有孩子才爱玩手办？成年人早已成为这一市场的主力，尤其是 30 岁以上的男性。高端手办、限量版模型、某些怀旧系列玩具，都能成为成年男性追逐的目标。根据 B 站（Bilibili，国内知名视频弹幕网站）手办区的销售数据显示，成年男性的购买力已经远超青少年群体。

这种消费背后的心理很有趣。一方面，手办是一种情怀，很多男性

通过这些收藏品，找回童年的美好记忆；另一方面，购买它们又是一种投资，“限量版”“增值”“保值”这样的标签，成功让手办从玩具变成了收藏品。有位资深玩家调侃道：“你不懂，这不是玩具，这是财富自由的敲门砖。”

收藏手办的乐趣不止于“拥有”。展示手办的过程就像布置一场小型艺术展览：玻璃柜、LED 灯、特殊底座……一切都为了让“作品”显得更有档次。一些发烧友甚至会因为展示空间不足而专门改造家里的书房或者客厅。

3. 户外露营：从繁忙都市到“诗和远方”

在繁忙的都市生活中，越来越多的男性选择户外露营来“逃离压力”。据某户外市场消费报告显示，2023 年中国男性购买露营装备的人数同比增长了 40%。从户外帐篷到便携烧烤架，露营市场正在成为男人们的“新战场”。

男人买露营装备的热情不在露营本身，而是一种“装备迷恋”。某品牌经理打趣道：“修车时的细致、选帐篷时的挑剔，大概只有男人自己懂。”

露营装备不仅讲究实用性，还要讲究品位。比如，一款具有太阳能充电功能的高端露营灯，不仅能照明，还能为手机充电，让露营体验从“生存”升级到“享受”。有的玩家甚至会根据天气选择不同款式的帐篷，雨季用防水的，夏季选通风的，把露营变成了一门科学。

此外，露营并非单纯的个人爱好，它还与社交紧密结合。在社交媒体上，一次成功的露营分享，往往少不了大片级的拍摄和后期制作。无论是篝火旁的烤肉，还是浩瀚的星空，都会成为点赞和评论的焦点。某网友戏称：“露营就是围绕露营装备的军备竞赛、朋友圈的摄影比赛，以及钱包的容量测试。”

4. 兴趣消费的未来：热情驱动，潜力无限

兴趣消费的背后，是男性消费者对自我表达和情感满足的渴望。无论是电竞设备的精致、手办收藏的情怀，还是露营装备的实用，男人的消费逻辑其实很简单：只要能让生活更有趣、人更有面子，花再多的钱也心甘情愿。

未来，随着男性消费市场的进一步细分，将出现更多定制化、能提供情绪价值的产品。从智能设备到情感联结，再到社交驱动，兴趣消费不仅是消费升级，更是一种生活态度的体现。对于男人来说，买“玩具”的乐趣，不止于玩，而是让生活更有意义。

男性消费者也有精致和细腻的一面，男性消费市场充满了兴趣驱动与情感价值。正如某位消费者总结的那样：“男人的钱不好赚，但一旦赚到就是大钱。”对商家来说，男性消费市场无疑是一座值得深挖的金矿。

3.5 情绪化消费：以情绪驱动的消费行为

情绪化消费，这个被无数人“深恶痛绝”却屡屡中招的行为，背后其实隐藏着一整套心理学和社会学的精妙逻辑。正如那句“我并不需要它，但我就是想买”的经典台词，这种消费行为完全被情绪驱动，而不是由理性主导。那么，商家是如何精准地击中消费者的情绪，让他们心甘情愿地掏空钱包的呢？

情绪化消费的幕后推手：认知失调与即时满足

认知失调理论是理解情绪化消费的关键。当一个人感受到自己的行为与内心的信念不一致时，就会产生不适感。商家正是利用这种心理，在消费者心中制造缺失感。比如，当你看到限时促销的标语“今日特价，错过再等一年”，你的大脑会疯狂跳出“我需要这个”的信号，即使你最初根本没打算买这件商品。

另一个推手是“即时满足”。人类的大脑对快速获得回报有天然的偏爱，尤其是在充满不确定性的现代生活中。这也是为什么线上购物平台的“24 小时内送达”如此吸引人——买了就能马上拥有，何乐而不为？

场景设计：让消费者“情不自禁”

商家深谙情绪操控之道，从环境到视觉，从气味到声音，处处隐藏着让人无法拒绝的诱惑。

1. 灯光和音乐的魔力

你有没有发现，在高端零售店里，灯光永远柔和而聚焦，音乐舒缓得让你想多逛一会儿？研究显示，暖色调的灯光能让人更放松，进而让人更愿意购物。慢节奏的音乐能让人停留更久，提高消费可能性。反观快时尚品牌店，音乐节奏明显更快，刺激你赶紧挑选、迅速下单。

2. 气味营销：嗅觉也能掏空钱包

知名面包店的门口为什么总是飘着面包刚出炉时的香味？不是因为他们每时每刻都在烘焙，而是因为他们正在进行气味营销。某品牌通过在空调系统中加入面包香精，让消费者产生“现烤”的感觉，销售额直接翻倍。这种嗅觉诱惑可谓“无孔不入”。

3. 限时限量：制造紧迫感

各大购物节的倒计时页面堪称教科书级的情绪操控工具。“还剩 5 小时！”“库存不足 10 件！”看到这样的提示，“抢到即赚到”，你的大脑会瞬间分泌多巴胺，产生购买欲望。

情绪化消费的高光案例：真的好用

》案例一：星巴克的季节限定饮品

每到秋天，星巴克的“南瓜拿铁”都会如期而至，掀起购买热潮，俨然成为一场季节性的消费狂欢。它不只是咖啡，更是一种心理上的仪式感——“喝一杯南瓜拿铁，秋天才算过得完整”。虽然它的价格比普通饮品高出不少，味道也见仁见智，但谁能抵挡住“限时供应”的魅力呢？

这就是情绪营销的魔力。商家知道，消费者买的不仅是饮品本身，还有那种“我抓住了秋天”的满足感。就算是为了朋友圈的“晒图大赛”也应该试一试。有人曾戏谑：“喝南瓜拿铁就是成年版的‘穿新衣服迎接新年’，它能让你在日复一日的平凡生活中，找到一点仪式感。”

更妙的是，这种季节限定还能巧妙地衍生成一种“社交话题”。你买了一杯南瓜拿铁，随手拍张图发在社交媒体上，朋友们纷纷点赞并评论：“秋天的标配啊！”于是，这款咖啡产品升级为一种“文化参与”，难怪卖得那么好。

案例二：无印良品的“生活提案”

无印良品的店铺是情绪化消费的“炼金场”。你本来只是想进去买个笔记本，结果却拎着香薰机、拖鞋和咖啡滤杯出来，脑袋里还不断安慰自己：“这些东西以后肯定用得上。”

为什么会这样？因为无印良品不是在卖商品，而是在卖“生活提案”。它用温暖的灯光、简洁的陈列和静谧的环境，让人觉得自己不买点什么，就配不上这种“高级感”。甚至连商品介绍卡片都在给你洗脑：“用这款纯棉床单，感受每个早晨的温柔拥抱。”此刻，你会自动脑补自己躺在洒满阳光的床上的样子，幸福得不得了，于是果断付款。

无印良品的很多商品看似平淡无奇，却因为“过度设计”的理念让人无法拒绝。一个简单的牙刷架，设计成小巧精致的陶瓷方块；一包棉签，被装进透明的极简塑料盒里，仿佛买的不是棉签，而是艺术品。一位消费者说道：“无印良品让我意识到，我不是缺棉签，而是缺精致的生活。”

案例三：手游的充值设计

手游的情绪消费陷阱更是让人防不胜防。你下载一个免费的游戏，本以为是随便打发时间的小玩意儿，结果却发现它隐藏了一个巨大的“消费深渊”。

先是“首充奖励”吸引你的注意——“只需1元，就能获得史诗装备”。1元？谁会吝啬这点钱呢？你心一横，点了支付。然而，充值的快乐就像打开了潘多拉的盒子，你接下来遇到的全是“限时礼包”“稀有道具”以及“冲榜活动”。

特别是当系统提示“只需再充值100元，你的战斗力将超越90%的玩家”时，你的虚荣心瞬间被点燃。于是，从1元到10元，再到100元，甚至更多，你一步步深陷其中。有人调侃：“手游最牛的不是玩法，而是它能用充值设计让我觉得不充钱就是浪费游戏人物的天赋。”

不仅如此，手游还通过社交竞争激发用户的付费行为。你刚充值买了新装备，队友却立刻换上了外观更华丽、战力更强的武器，你不甘落后，继续充值，结果陷入了一场无止境的“军备竞赛”。有玩家形容这种状态：“在手游里，氪金就像追星，充得多不一定赢，但不充就注定落后。”

从创业者的角度来看，这并不仅仅是消费行为的升级，更是一种精心设计的人性调动。情绪被社交竞争点燃，虚拟荣誉感与现实焦虑感交织，让人愿意为一场数字胜利持续买单。这种情绪驱动型消费已成为当代商业的典型特征——它不是在卖产品，而是在卖参与感、归属感与被认可的感觉。对创业者来说，理解这种机制，就能更精准地捕捉消费场景中的潜在动因，把握用户的心理节奏，创造真正令人“上头”的产品体验。

PART 4

市场开拓与创新：从创意到执行的商机挖掘

4.1 子女对父母的爱：从孝心中找到商机

父母是我们生命中最早的投资人，给我们提供了无条件的爱与支持。我们成家立业之后，最关心的就是如何回馈这份“无限量”的爱。你可能常听到一句话：“孝顺是最难的创业项目。”父母的需求既复杂又多变，如何将这份孝心转化为商机，成为许多创业者的研究课题。

养老市场的崛起：想给父母好的养老生活

随着80后、90后逐渐步入中年，养老问题开始从“父母的事”变成了“我自己的事”。截至2024年年底，中国60岁及以上人口突破3亿。这意味着，养老相关的产品和服务将成为未来几十年的黄金行业。

在这一背景下，一群聪明的创业者看到健康管理这个商机。米家智能血压计，不仅能让父母在家里轻松测量血压，还能将数据上传到你的手机上，你只需轻松一查，就能了解父母的健康动态。华为智能手环，不仅能帮助你监测父母的心率、走路步数，还能监测父母的睡眠质量，就好像给父母请了一个隐形的健康管理师，你可以随时随地掌握父母的健康状况。这样，你再也不用每次打电话都问“爸（妈），您最近身体怎么样”。你不如直接看看数据，它们能让你心里有数。

一些产品将核心卖点从“传统护理”升级为“智能关怀”。比如智能家庭护理系统，通过语音识别、远程监控和智能提醒，为老年人提供全方位的健康保障。一旦父母的血糖、血压等数值异常，系统会自动发出警报，提醒你及时处理。更令人动心的是，这些智能产品不仅关注健康，还能通过智能家居设备为父母的居住环境加分。比如智能灯光、自动调温空调等，让父母的生活更舒适、便利。这些看似不起眼的小细节，实则是消费市场中的巨大商机。

随着现代人对父母的关注度越来越高，养老产业蓬勃发展。许多子女已经不再满足只给父母提供经济支持这种传统供养父母的方式，他们希望父母能够享受更高质量的生活。一些高端养老院应运而生，成为子女为父母提升生活质量的首选机构。

某养老院推出的“老年人尊享套餐”便极大地满足了这一市场需求。该套餐不仅包括基础的健康监测和护理服务，还提供多项增值服务，比如个性化的按摩和理疗课程、艺术娱乐活动以及文化讲座等。这种从身体到心灵的全方位关照，不仅让父母的生活变得更加丰富多彩，也让子女们更加安心——确保父母享受尊贵的服务，保持愉悦的心情，是每个子女最大的心愿。

不仅如此，许多高端养老院还增加了“陪伴服务”，以满足客户父母的情感需求。某些养老院专门为住户提供陪伴服务，让工作人员根据老人的兴趣喜好，定期陪老人聊天、看电影，或者进行一些轻度运动。这种个性化的服务模式，不仅提升了老人的生活质量，也让老人的子女感到无比安心，觉得父母在这里不仅能享受物质上的富足，还能够拥有精神上的关爱。

更具未来感的是一些“养老 + 科技”的结合式创新。有的养老院与科技公司合作，推出虚拟现实体验项目，通过 VR 技术带老人“云旅游”，让他们在家门口就能游览世界名胜；有的养老院引入了机器人助理，帮助老年人完成一些日常生活的基本操作，例如递送药品、送餐，或者陪伴聊天。通过这些高科技的手段，老人不仅能够拥有更舒适的生活体验，还能够从心底感受到子女无微不至的关爱。

随着我国人口老龄化和社会经济的发展，子女对父母的关爱已经从单纯的经济支持，转变为更加全面、智能和人性化的消费模式。健康产品、智能家居、高端养老院的个性化服务，商业机会就在这些细节里悄然萌芽。子女为父母的“孝心投资”，已经不再是口号，而是真正能够转化为经济价值的市场蓝海。

智能家居：给父母一个安全的家

“您是不是在家里摔了一跤？”子女不在身边时，父母摔跤是最令人担心的问题。随着智能安防和老年人照护成为新兴市场，智能家居蓬勃兴起。百度推出的智能家居套件，不仅能够实时监测家中的安全状况，还能根据老人的作息规律提醒他们服药、休息，甚至给老人的家人发信息提醒。

小米米家的家居产品把智能化融入日常生活，诸如智能插座、可远程控制的空调和洗衣机等，并解决了老年人“看不懂、用不来”的痛点，进而提升了他们的生活品质。更有商家利用物联网技术，推出了老人专用的智能防摔床，不仅能监测老人的睡眠质量，还能在老人起床时自动提醒，确保老人安全。

不仅如此，随着老龄化社会趋势愈发明显，养老地产也逐渐成为一个巨大的投资市场。许多企业开始布局“颐养地产”，像碧桂园的“颐养社区”就专门为老年人提供配套的生活设施。这里不仅有健身房、游泳池，还有一系列为老年人定制的康复项目和文娱活动。这类项目的推出不仅让子女感到安心，也为年轻的创业者提供了无限商机。

精准营销：让孝心消费更懂你

子女孝顺父母的方式千变万化，但有一点是始终不变的，那就是子女永远想给父母最好的！因此，如何让孝心消费更精准地满足父母的需要，便成了企业营销的新课题。

聪明的品牌商已经认识到情感共鸣的巨大市场潜力。“天猫精灵”的智能音箱不仅能播放音乐和天气预报，还能成为父母和子女沟通的桥梁。某位母亲在社交平台上分享：“我用天猫精灵给我儿子打电话，虽然他在外地，但每次都能及时听到他的声音，感觉特别温暖。”通过这种情感联结，商家实现了产品的卖点与消费者的需求对接，成功激发了孝心消费的热潮。

高端定制：让孝顺变得个性化

对于一些富裕家庭，孝顺的方式可不是送个智能产品或者上份健康保险这么简单。随着“奢侈品孝顺”的兴起，一些品牌开始转向高端定制市场，为子女们提供量身定制的孝顺方案。比如，定制的“母亲节珠宝”和“父亲节专属皮具”，这些产品不是简单的商品，而是子女对父母情感的升华，是父母尊贵地位的象征。

高端养老院也进入了定制化阶段。近年来，“文化养生”的概念成了一些顶级养老院的核心特色。这些养老院不仅提供豪华的居住环境，还将个性化的文化活动引入养老服务：有的养老院专门为老年人提供书法与绘画课程，有的养老院举办“老年人游学团”，让老人能够在舒适的环境中继续追求他们的兴趣爱好。这些服务让老人的晚年生活更加充实、更加丰富。对年轻人来说，这些定制服务无疑是提升“孝顺指数”的捷径。

子女对父母的爱无时无刻不在推动着消费的创新。从健康管理到智能家居，从养老地产到情感化的个性定制产品，商家们用“孝心”这一情感纽带创造了无数的商业奇迹。在未来，孝心经济必将朝着更加精准和多元的方向发展。作为子女，不妨趁早准备好你的“孝心钱包”。作为创业者，无论是高端定制产品，还是日常生活服务，只要能够真正触动老人的心弦，就可能成为下一个爆款。这个市场的潜力，比你想象的要大得多。

4.2 情侣的爱：情感共鸣中的市场机会

当你听到“情侣”二字时，脑海中可能会立刻浮现约会、浪漫、情人节等词语。你有没有想过，情侣之间的这份爱，也隐藏着巨大的商机？我们以为，爱情只存在于精神领域，殊不知，它已经深深地融入消费市场，推动着一系列情侣专属产品和服务的诞生。

情侣们互送的礼物充满创意。这份爱带来的创意在不知不觉中打开了一扇新的消费大门。每年的情人节，不仅是花店最忙碌的时刻，还是手表、珠宝、餐饮、旅游等行业的营业高峰期。这些行业通过情感与市场结合的营销方式，激发了情侣们的购买欲望。下面，我们就从几个典型的例子出发，看看情侣之间的爱是如何催生出市场商机的。

情人节礼物：花儿为什么这样红？

每年情人节，花店都成了“金矿”。你可能会觉得，送一束花就能代表爱意，这其中能有什么可发掘的商机？事实上，现代情侣庆祝情人节的方式已经远远不是送出一束花那么简单了。情人节的礼品消费早已从简单的“玫瑰花 + 巧克力”模式，发展成了一个千变万化的消费市场。现在的情人节，情侣们送的不是简单的花，而是定制化的惊喜。例如，永生花这种可以保持数年的花卉，让情侣们送出的不仅是短暂的浪漫，还是永恒的承诺；定制花盒，用花语编织出两个人的专属故事，给礼物带上了浓烈的个人色彩。

也有商家敏锐地瞄准了情侣共同体验市场。例如，情侣专属的DIY手工香皂、情侣项链、双人按摩套餐等，都让两个人的互动不止于送礼物，还增加了共同参与的价值。正如情人节活动中，一对情侣在DIY情侣手工香水的工作坊里留下了他们的记忆。商家不仅卖出了产品，还卖出了情感价值，实现了双赢。

旅游市场：一起去远方，拥抱世界

对情侣来说，旅行不再是单纯的休闲活动，它已成为一个情感升华的契机。情侣旅行变成商家的商业机会，情侣专属的旅游套餐成了热卖商品。“浪漫巴黎”情侣定制旅游套餐，提供从专车接送到私人导游服务的一站式浪漫体验，价格不菲，但依然供不应求。

情侣主题酒店，把普通的住宿扩展到深度的情感消费体验。例如，某品牌推出的“浪漫情侣房”，房间内摆设精致，提供定制的床品、情侣专享晚餐，甚至是私人影院服务。这样的酒店并不便宜，但它所传递出的情感价值与体验感让情侣们愿意为之买单。

从浪漫之旅到情侣主题酒店，这一切都充分体现了情侣对共同回忆的渴望，而这些需求为旅游市场带来了新的商机和繁荣。

健身市场：情侣一起燃烧脂肪

近年来，情侣共同健身不仅是互相鼓励的行为，还变成了一种生活方式。许多健身品牌推出了情侣健身套餐，不再以单个客户为单位，而是根据情侣共同健身的需求，提供私人定制课程。情侣们在运动过程中建立起更深的感情，也让品牌商家敏锐察觉这一情感化的消费趋势。

Keep 和悦跑圈等健身平台，推出了情侣专属计划，鼓励情侣共同参与健身挑战，完成一系列亲密互动的运动任务，以提升彼此的默契度。线下的很多健身房，也推出了“双人瑜伽”“情侣跑步”等课程，让情侣一起挑战，既锻炼了身体，又加深了感情。

情侣理财：一起赚钱也能拉近关系

现代情侣间的关系，早已不再局限于谈情说爱，越来越多的人开始共同管理财务。许多金融机构瞄准了这一市场，推出了情侣共同理财的服务。比如，某银行推出的情侣专属理财产品，将理财、保险和储蓄等功能综合起来，并提供针对情侣的投资咨询定制服务。这样的产品不仅帮助情侣共同积累财富，也让他们在理财过程中实现更深的情感绑定。

此外，越来越多的手机 App 和工具推出了情侣版，让情侣在消费和理财中达成一致。比如，情侣共同记账 App，不仅能帮助情侣们共享消费账单，还能设定共同的储蓄目标，促进情侣间更紧密的经济合作。

社交媒体：为爱情“加持”营销

社交媒体已成为情侣们记录爱情的主要平台，尤其是在“晒幸福”的文化下，越来越多的情侣通过社交平台分享他们的甜蜜时刻。这种行为也为商家提供了巨大的商机。有商家通过赞助情侣的“幸福时刻”，在情侣间创造情感共鸣；还有商家在情人节期间举办“情侣旅行打卡”活动，邀请情侣们在指定景点打卡并分享照片，参与者不仅能获得礼品，还有机会赢得浪漫之旅的奖励。

这类营销策略通过社交平台的传播力，让品牌的曝光度大幅提升，也让情侣们在追求幸福的过程中，悄然成为品牌的代言人。

无论是情人节的礼物、情侣定制的旅行套餐，还是共同健身、共同理财，情侣间的情感需求已经发展成一个多维度、全方位的消费市场。从“爱情”到“钱包”，这一过程中蕴藏着无穷的商机。对品牌商家而言，理解情侣们的情感诉求，并根据这些诉求开发产品和服务，是打开这一市场的不二法门。

如果你也在考虑进入情侣消费市场，不妨从情感共鸣开始，用独特的产品、真诚的服务打动情侣们的心。在情感消费的世界里，对商家而言，爱就是商机。

4.3 共享经济：共享关系中的商业模式

“共享经济”这个词听起来有点“共赢”的意思。在今天，共享经济不仅仅是一个经济学概念，还是一种生活方式的革命。共享经济打破了传统的拥有与消费之间的界限，推崇的是“共享”——不再是“我需要，我买”，而是“我需要，我借”。这种商业模式不再是单纯的产品买卖交易，而是通过共享搭建起一种全新的市场体系。那么，在共享经济的大潮下，商家们是如何嗅出商机，撬动消费者的共享需求的呢？让我们来深入探究一下！

共享出行：你的车，我的车，大家的车

曾几何时，拥有一辆私家车是每个家庭的梦想。但如今在城市里开车就像走进一个没有出口的迷宫，堵车、停车难、油费高，这些问题让私家车的吸引力急速下降。于是，共享出行火了。在共享出行的时代，车随叫随到，还可以随时分享出行动态，给人们的生活带来了极大的便利。

滴滴出行和美团单车，这些共享经济平台让你不需要买车就能开车、骑车，使用这些平台提供的出行服务。共享出行已经成为现代人生活的标配。面对出租车行业的种种乱象，你可能会担忧被绕路、被乱加价。

没关系，线上约一辆网约车！你可千万别小看这“借来的车和司机”，这些足够改变你对出行的看法：你不再需要为车位忧心，也不必面对高额的停车费而发愁。

数据显示，2024 年，中国共享出行市场已经达到万亿级别，共享单车的用户数也突破了 4 亿！你不再需要拥有一辆车，你几乎可以用“租车”解决所有出行难题。更重要的是，你不用操心买车、洗车、修车、停车、加油等维护一辆私家车的所有烦琐事情。当你使用着崭新的汽车、单车却不用为养车而绞尽脑汁时，心里大概已经偷偷为共享出行点了个大大的赞。

共享办公：你的办公桌，我的办公桌，大家的办公桌

关于办公室的故事，你是不是听过类似的抱怨：“今天加班到深夜，我的办公桌被同事占了半壁江山，终于在公司地下室找了个位置……”听起来是不是有一股无奈又无力的悲壮气息？别急，共享办公来了，这一切完全改变了。

你知道 WeWork（共享办公空间提供商）吗？它早就让办公室从“逼仄”变成了“创意满满”。共享办公不仅给你一个豪华办公环境，还给你提供了和周围“牛人”碰撞的机会。一个小型初创公司在共享办公环境里，可能会碰到投资人、业务合作伙伴，甚至将来要聘用的员工——所有这些人，几乎都在同一个空间内工作，聪明的商家们当然不会错过这个市场。

办公就必须租个大的办公室？不，你可以选择在共享办公空间里租个工位，用最灵活的方式、最优惠的价格，解决最烦琐的办公租赁问题。更有趣的是，这些共享办公的地方往往还配备了休闲娱乐设施，你可以边工作边玩游戏、喝咖啡，和同事一起打桌球。真的，工作本来就应该这么愉快。

共享物品：从衣服到豪车，所有东西都能“租”

你花几万块买套衣服？别傻了，租吧！在过去的几年里，衣服租赁已经变得无比流行，尤其是一些重要场合的时尚装备。“衣服租赁”这一概念曾经听起来像是“穷酸”的代名词，但如今，它已经成为一种时尚潮流。租衣网就是个经典例子。在这里，你可以随时租到高端品牌的时装，穿一次就完事。你不用为过时的裙子发愁，也不必担心衣柜里的旧衣服造成浪费。租用衣服不仅环保，也是对你钱包的“体贴”！

更厉害的是，连豪车也能“共享”了。过去，大家觉得豪车是成功人士的标配，现在呢？只要把“拥有权”变成“使用权”，照样能玩出花来。我观察到，有创业者干脆做起了豪车共享平台——不买车，只租车，法拉利、兰博基尼统统上线。客户只需付得起那一小时的费用，就能开上超跑跑一圈，体验“速度与激情”。

更妙的是，这类服务的“附加值”往往体现在朋友圈：一张“你敢租，我敢开”的车与人的合照，比发动机声浪还能带来流量。对于创业者来说，这种“租来炫”的需求，其背后是年轻人对身份、社交认同和虚拟荣耀的追求——是可以被精准设计、深度挖掘的金矿。你不是在卖一辆车，是在卖一段故事，卖一种让人觉得“我也可以活得很风光”的情绪体验。

共享生活：厨房共享，宠物共享

如果你已经习惯了共享单车、共享办公，那请准备好迎接共享厨房、共享宠物等更多新奇的共享体验。

共享厨房，顾名思义就是你不再需要单独拥有一个厨房，也不用买全套厨房设备，也不用天天做饭。你可以在平台上租一个共享厨房，按小时计算费用，想做饭就做饭，吃完就走，甚至可以在共享厨房里尝试自己的新菜式，避免了巨额的厨房投资。这是给“懒人”的福利。你再也不用为购买各种厨房设备发愁，轻松享受烹饪乐趣。

更惊人的是，居然还有共享宠物服务！你出差了，没时间照顾宠物怎么办？找个“共享宠物”服务，爱宠随时有人陪伴。你想养只狗，暂时没有条件？找个宠物主人合作，体验宠物共享。这种模式不仅解决了你的养宠问题，还让宠物得到更多关爱，双方互利互惠，何乐而不为？

数字内容共享：不再只是分享

共享经济的魔力，已经不限于实物，数字内容共享也发展得如火如荼。例如，Spotify（流媒体音乐平台）和 YouTube（视频网站），这些平台已经将“共享内容”的价值最大化。创作者可以在平台上发布自己的音乐、视频，赚取播放费用；消费者则可以免费或者低价享受这些内容。

对创作者来说，“共享”不仅是让更多人看到自己的作品，还是一个收入来源。你曾经以为“做自己”是件孤独的事，但在共享平台上，你做自己的同时，还能获得粉丝的支持和金钱的回报，这就是“共赢的游戏”。

在今天，共享经济已经不再是一个陌生的概念，它正在渗透入我们生活的方方面面。无论是共享出行、共享办公，还是共享衣物、共享豪车，甚至共享宠物和共享厨房，这一切都在向我们展示：“专有”不再是唯一的消费方式，“共享”才是未来商业的关键！对消费者来说，享受共享经济带来的便利，是生活中最值得“租”的幸福。

商家抓住共享经济的机会，不仅能为消费者提供更多选择，还能在庞大的市场中找到独特的定位，创造自己的财富神话。

4.4 新兴消费群体：单身经济与青年市场的潜力

当一个人吃饭、一个人旅行、一个人看电影成为时尚标签时，“单身经济”悄然崛起。根据国家统计局 2023 年的统计，中国 15 岁及以上未婚人口已突破 2.3 亿。这是民政局的焦虑，却是有心商家的狂欢——“一个人”的市场潜力，已经足够撑起无数个创业项目。

单身经济：不是一个人的孤独，而是一个人的精彩

单身者的消费特点很简单：要么花钱讨好自己，要么投资未来。商家们顺势挖掘出了一系列精准定位单身人群的小众需求。

单身餐厅是个典型的例子。在大部分餐厅里，单身食客通常会因为“一个人点太多”或“点太少吃不饱”而感到尴尬。专门为单身食客设计的餐厅服务就彻底解决了这个问题。比如，某些火锅店推出了“一人一锅”服务，单人座位之间还设置了隔板，既保护隐私，又避免了“与陌生人同桌”的尴尬。这样的设计，让单身食客不仅能享受美食，还能感受到尊重。

还有单身商品的崛起。从迷你电饭煲到一人份榨汁机，这些专为单身者设计的小家电正在市场里掀起消费热潮。一款容量仅够煮一碗米饭的电饭煲，销量居然能破百万！看似简单的设计背后隐藏着消费者对“一

个人也要精致生活”的追求。

青年市场：花钱买自由，投资个性

青年是另一股正在崛起的消费力量。青年通常对品牌忠诚度低，但对个性化的需求很高。“我不一定要最贵的，但一定要最适合我的”，这句话能总结大多数青年的消费心理。

在服装行业，“潮牌经济”成为吸引年轻人的利器。Supreme、Off-White 这样的小众品牌，价格昂贵却依然受到年轻人的追捧。因为对年轻人来说，穿衣服不仅仅是“穿衣服”，还是一种表达自我的方式。国内的潮牌创业者纷纷抓住潮牌经济的机会，比如以国潮为主题的“李宁”和“太平鸟”，已经成功让年轻人为“文化认同”买单。

另一个例子是“兴趣消费”。年轻人越来越愿意为兴趣买单，比如游戏、动漫、盲盒等。这些爱好看似小众，却隐藏着巨大的消费潜力。泡泡玛特的盲盒，就是凭借着随机性和收藏的乐趣，在青年市场中赚得盆满钵满。试问，有哪个品牌商家不想在这个大蛋糕上切下一块？

单身 + 青年：双重叠加的市场潜力

单身经济与青年市场叠加，消费潜力简直像火箭一样蹿升。近年来大热的“宠物经济”就可以归入这一类。数据显示，单身青年是养宠主力，他们愿意为宠物花费大量时间和金钱。高端宠物食品、智能宠物用品、宠物摄影，都成为商家眼中的金矿。

再比如“旅行轻量化”也是单身青年市场的亮点。单身青年倾向于独自出行，更加追求自由化的旅游方式。轻便好用的旅行装备和个性化的旅游路线设计，是单身青年青睐的方向。某品牌推出的单人帐篷销量爆棚；在互联网，“独旅社区”也成为单身青年旅行者分享心得的热门平台。

小而美的商机：从情感到生活的全方位覆盖

单身消费者有一个共同点：他们更注重情感价值。单身人群对“孤独经济”的依赖，催生了许多情感陪伴类服务，诸如陪玩游戏、陪跑运动，甚至是“虚拟恋人”App。这些服务从心理需求出发，既满足了单身年轻人的情感诉求，也为商家带来了实打实的收益。

年轻人还追求生活方式的个性和独特。小众咖啡馆、定制香氛这类商机，完美切中他们“追求独特与个性化”的消费心理。在这样的市场里，小而美的品牌往往更容易脱颖而出，形成稳定的客户群体。

单身经济和青年市场是两片巨大的蓝海，关键在于如何精准把握这两大市场消费者的心理和需求。无论是从生活方式的改变，还是情感诉求的满足，都能找到丰富的商机。对创业者来说，这不是简单地卖产品，而是提供一种贴近单身者和青年人生活方式和价值观的服务。

这一代单身者和青年正在用消费告诉我们：他们既不将就，也不勉强；既要精致生活，也要个性表达。只要抓住这个趋势，下一个商业奇迹很可能就藏在这两片市场里。

4.5 打破传统的限制：从小众市场到主流市场的转化

在过去几年里，“乙女游戏”和“二次元文化”以迅雷不及掩耳之势，从小众兴趣圈层成长为拥有千万用户的大市场，成为许多“大厂”眼中的“香饽饽”。这一现象反映出来的不仅仅是亚文化的崛起，还是一次小众市场转化为主流市场的精彩示范。

乙女游戏：当女性玩家撑起半边天

乙女游戏，玩家通常称其为“乙游”，是一种以女性角色扮演为主的游戏，深得年轻女孩喜爱。女性玩家可以在游戏中扮演各种角色，以女主人公的身份和可攻略的男性角色谈恋爱。乙女游戏看似是小众市场，却凭借独特的情感共鸣和精准定位，成为游戏行业的重要增长引擎。乙女游戏的成功不仅仅是依赖浪漫剧情，还通过一系列多元化策略和创新模式，持续吸引玩家，不断扩大商业版图。

1. 多元化内容与深度体验

近年来，乙女游戏的主题逐渐从早期以恋爱剧情为主的“攻略游戏”，扩展到冒险、解谜、科幻等多种主题。比如，2020 年正式发行的《未定事件簿》将律政题材融入乙女游戏，以“悬疑推理 + 恋爱养成”双线并行的模式吸引了大量玩家。游戏通过丰富的剧情分线和细腻的角色塑造，使玩家感到自己不仅在“谈恋爱”，还在参与一场智力与情感的博弈。

这种内容多元化的策略提升了游戏的用户留存率，增强了玩家黏性。根据伽马数据，乙女游戏的平均日活跃用户（DAU）在 200 万人以上，其中 70% 的用户每天在线时长超过 1 小时，远高于传统手游的平均水平。

2. 多平台矩阵构建与跨媒介传播

乙女游戏不仅限于手游，还在 PC 端（电脑端）和 H5 游戏（平台是手机浏览器的游戏）上找到更多可能性。例如，2020 年发售的《Code: Realize》在 Switch 平台上发售。这类游戏通过与主机平台的合作，吸引了更加多元化的玩家群体，尤其是年轻女性和轻度玩家。

此外，乙女游戏还利用直播平台扩大影响力。B 站等二次元社区成为乙女游戏的重要宣传阵地，大量 UP 主（视频上传者）通过剧情解读、角色配音和代入式体验帮助游戏吸引了大量潜在玩家。

3. 衍生品市场的爆发

乙女游戏的核心粉丝愿意为虚拟角色和相关周边买单，这为衍生品市场带来了巨大机遇。例如，《恋与制作人》的官方手办每个定价高达 699 元，还在预售阶段就售罄。该游戏还推出了“沉浸式剧场体验”，让玩家以线下互动的形式与虚拟角色“约会”，门票价格为 200 元至 500 元不等，场场爆满。

从角色周边到主题展览，这种“IP（成名文创作品）延伸”不仅加强了玩家的品牌黏性，还为商家提供了多元化的盈利渠道。

4. 未来商机展望：深耕女性经济

乙女游戏的兴起反映了女性玩家对娱乐产品需求的多样化。未来，随着 VR、AR 等技术的普及，乙女游戏有望实现更加真实的交互体验，进一步增强市场吸引力。例如，国内某公司正在研发基于 VR 技术的乙女游戏，玩家可佩戴设备“触碰”虚拟角色，预计将在 2025 年上线。

此外，乙女游戏可以与影视、音乐等文化产业联动，推出跨界作品。比如，《恋与制作人》曾推出主题曲，登上 QQ 音乐畅销榜，成功吸引了更多音乐爱好者关注游戏 IP。

通过与二次元文化的深度绑定，乙女游戏成功将年轻女性玩家这一“小众群体”转化为推动整个游戏产业增长的重要引擎。这一切，都离不开商家对玩家心理需求的精准把握——爱情故事只是切入口，情感共鸣和用户体验才是王道。

二次元文化：从圈层经济到全民共识

如果说乙女游戏是年轻女性玩家的浪漫天堂，那么二次元文化则是覆盖更多用户群体的“亚文化宇宙”。这片领域的核心，不是动漫、手办、COSPLAY（角色扮演）这些表面符号，而是一种深刻影响着年轻人审美、娱乐和消费观念的文化现象。在过去，二次元爱好者常常被归为“小圈子玩家”，是互联网边缘的一群“隐秘玩家”。随着互联网的普及和资本的涌入，二次元文化不再是小众趣味，而是娱乐市场的重要组成部分。

2019 年上映的国产动画电影《哪吒之魔童降世》是一个标志性事件。这部动画电影以 50 亿元的票房刷新了中国动画电影的票房纪录，也让大众重新认识了国漫的商业潜力。从“小圈层”起步的二次元文化，借助这部电影冲进了全民视野。观众发现，二次元文化不再是宅男宅女的“封闭王国”，而是一个能够传递普世情感与价值观的创意产业。这背后是内容质量的提升，更是市场逻辑的深刻变化。

这种变化得益于商业模式的创新和资本的强力助推。如今的二次元产业不再单纯依赖内容本身的盈利，而是通过 IP 的多元开发，创造出覆盖多个领域的“商业宇宙”。例如，《鬼灭之刃》这一日本热门动画 IP，其商业潜力远远超出了播放量和票房的收益。围绕这部作品展开的衍生品开发，涵盖了手办、服装、食品、文具以及旅行路线等方方面面，形成了一个闭环的“IP 生态圈”。对核心粉丝来说，这些商品不只是消费品，还是与心爱角色和故事建立深层联结的桥梁。对企业来说，这种多元化开发不仅能显著延长 IP 的生命周期，还能持续吸引新的受众群体。

与此同时，二次元文化的传播方式也在发生剧变。传统的同人文化、线下漫展虽仍是粉丝互动的重要渠道，但更多的传播已经转移到短视频平台和社交媒体。例如，B 站，这家曾经以“二次元小破站”自嘲的弹幕网站，如今已成长为互联网巨头。B 站的成功秘诀，不仅在于对二次元内容的深耕，更在于其不断拓展的内容生态。如今，B 站已经从 ACG（动画、漫画、游戏）内容出发，延伸到泛娱乐、知识分享以及生活记录。这样的生态布局让二次元文化不再局限于垂直领域，而成为更多人日常生活的一部分。

更有利的是，这些平台还在反哺二次元文化的创作力，形成二次元文化生产和再生产的良性循环。以虚拟主播为例，B 站涌现出一大批虚拟人气主播，这些主播以二次元形象示人，但背后融合了真实的人类互动能力和 AI 技术支持。这些虚拟主播不仅在直播领域吸引了大量观众，还通过与游戏、动画 IP 合作实现了更广泛的商业化。比如，日本的虚拟歌姬初音未来，借助演唱会和全球粉丝的力量，成为二次元文化走向全球化的典范。

这并非个例，放眼全球市场，Netflix（网飞）等流媒体平台的兴起，也为二次元内容带来了新的可能性。2022 年，Netflix 宣布进一步加大动画内容投资，推出了一系列覆盖全球市场的日式动画。数据显示，这些动画作品的播放量在欧美市场增长迅猛，二次元文化不再是亚洲市场的专属，它早已跨文化、跨地域，强势传播全球。

打破小众的壁垒：营销的驱动

乙女游戏和二次元市场的崛起，背后有两个关键推动力：一是精准的营销策略，二是技术的不断迭代。

在营销上，许多品牌已经意识到，二次元文化不仅是“年轻人的兴趣”，还是跨越圈层的流量密码。麦当劳推出的“哆啦A梦主题套餐”，不仅吸引了二次元爱好者，还让许多“怀旧粉丝”心甘情愿地为情怀买单。耐克推出了《海贼王》联名款运动鞋，一上线就被抢购一空。这些合作案例证明，只要选对了IP，传统品牌也可以轻松打开二次元市场的大门。

从小众到主流：未来如何走得更远？

乙女游戏和二次元市场的成功，证明了从小众市场向主流市场转化的可行性。但在未来，这些领域要保持增长，还需要持续创新和对用户需求的敏锐洞察。

第一，内容创作必须更加本地化和多元化。国漫IP《大鱼海棠》《长安三万里》之所以能成功，正是因为其从中国文化中汲取了灵感，创造了具有强烈本土特色的内容。

第二，品牌商家需要进一步探索与二次元文化的深度合作，而不应仅仅停留在“联名款”的层面。例如，跨界营销可以尝试更多互动形式，如联合开发虚拟偶像、举办线上和线下结合的粉丝活动等，真正让消费者成为品牌的一部分。

乙女游戏和二次元文化的崛起展示了小众市场所蕴藏的巨大潜力。通过内容创新、技术驱动和精准营销，它们成功打破了圈层的界限，成为主流市场不可忽视的力量。这些成功案例，隐藏着对创业者的深层商业启示——不必害怕起步于小众市场，只要找到正确的路径，小众也能创造无限的可能。

PART 5

商机开发的策略与技巧

5.1 资源整合：撬动大成果的创业杠杆

商机开发的第一步，不是盲目地投入巨额资金，而是精打细算地利用手头资源——“用最少的钱办最多的事”。在这一部分，我们将探讨资源整合的策略，教你通过系统性策略，将零散资源整合成强大的市场竞争力。文中融入真实创业案例，以生动叙事帮助你快速掌握底层逻辑。

善用已有资源，像做“厨余大餐”一样创造价值

如果手头只有一把大米和几片菜叶，是不是就只能喝粥？聪明的创业者会告诉你：“当然不！还有炒饭、米饼！”

案例：二手电商的崛起

闲鱼、转转等二手平台的成功正是资源整合的典范。它们没有生产一件商品，而是通过平台技术整合用户的闲置资源，形成了一个年交易额超千亿的市场。这说明，即使没有原材料，你也可以通过整合存量资源，为市场注入新活力。

化零为整，合作共赢

“单打独斗”早已过时，聪明的创业者懂得寻找合作伙伴，共同分担风险和成本。

场景：初创咖啡馆与健身房的联营

一个新开业的健身房与一家初创咖啡馆合作，推出了“健身后买一送一咖啡”的活动。健身房吸引了更多用户，咖啡馆也提高了销量。双方各自利用对方的资源，实现了双赢。

技术杠杆：用工具节省人力与时间

如果资源有限，那么技术就是你的资源“放大镜”。借助免费的开源工具、低代码平台，你可以将原本昂贵的项目变得“平易近人”。

案例：免费软件成就的小企业

某初创设计公司使用免费开源设计工具完成了一批高质量项目，既节省了开支，又为公司赢得了客户的信任。这些工具不需要高昂的投入，却能产生巨大的商业价值。

以小搏大，撬动更多资源

不一定所有资源都得自己拥有，巧用外部资源也能开辟新天地。

案例：社交媒体 KOL 推广

为各厂家宣传的专家或权威人士在营销学上被称为 KOL（Key

Opinion Leader），即“关键意见领袖”。他们拥有更多、更准确的产品信息，且为相关群体所接受或信任，并对该群体的购买行为有较大影响力。许多小品牌通过与社交媒体 KOL 合作，不需支付巨额广告费，就能获得曝光和销售增长。例如，一位独立设计师通过与小型 KOL 合作，在微博上展示自己的作品，成功吸引了第一批忠实客户。

心态与技巧：资源整合中的关键素养

资源整合不仅是一种方法，还是一种开放和合作的心态。首先，我们需要敏锐的洞察力，能够从杂乱无章的资源中看到潜在的价值。其次，我们需要有长期主义的策略，与资源提供方建立长期合作的关系，而非短期逐利。最后，我们需要灵活应变，根据市场变化调整整合策略，及时抓住新的机会。

“手头没资源”不是创业失败的理由，而是对你创新能力的考验。创业的本质就是不断挖掘隐藏资源、提升利用效率的过程。无论是整合现有资源，还是借力外部资源，或者利用技术手段放大效益，掌握这些资源整合的技巧，将帮助你在商机开发中获益。

5.2 巧用人际关系：从“小恩小惠”到长期信任

在生意场上，人际关系就像一条隐藏的财富矿脉，看似寻常，却能在关键时刻让我们“咸鱼翻身”。不过，这个“矿”并不是用力一挖就能挖出金的。我们需要先拿着“人情礼物”去敲这条矿脉的门，细心经营才能真正掘出“矿藏”。

从一杯咖啡开始的故事

在某次行业交流会上，小王注意到一位行业领军人物一整天手里都抱着一杯咖啡，显然这是一位咖啡狂热者。小王趁着茶歇时间，拿着一杯特地买来的手工咖啡，走到这位领军人物面前。小王送上咖啡，说：“我猜你今天已经喝了三杯了，但这一杯可能会更特别。”这看似随意的一句调侃，加上一杯香气扑鼻的咖啡，成功破冰。他们聊起了工作中的一些问题，小王顺势给了几个建议。几周后，这位行业领军人物成了小王的客户，一单合同直接让他的业绩翻了倍。

小恩小惠并不需要“大出血”，只需要用心观察后的精准投放。我们要记住，送礼不是为了炫耀，而是为了表达一种“我懂你”的关心。这份“懂”，让你与对方建立了最初的情感联结。

信任的搭建：饭局上的功夫

建立长期信任，需要时间与耐心。有人觉得喝酒能拉近关系，但真正能拉近关系的是在饭局中展示自己的价值。小李是个初创企业主，每次和客户吃饭时，除了聊项目，他总会自然而然地提到一些行业趋势和潜在商机。久而久之，这些客户不只把他当成一个供应商，还把他视为“商业情报站”。有一次，一个客户打电话给他说：“有个新项目，想先听听你的建议。”从一个普通供应商到客户的“智囊”，这背后是持续付出的时间和真诚。

信任，就像酒坛里的陈酿，只有不断注入真诚和价值，陈酿才能变得香醇。别总想着“喝完这一场就能拿下订单”，真正有意义的关系是从一次次真诚的互动中积累起来的。

“沉睡关系”的复活术

很多人际关系看似“躺平”，其实只是在等一个合适的激活时机。某科技公司创始人张先生在创业初期陷入资金危机。他翻遍通讯录，突然想起一位多年未联系的大学室友。他观察这位室友的朋友圈，发现他正在投行工作。发完几条微信消息后，两人相约见面。张先生向其阐述了自己的创业之路。酒过三巡，室友感叹道：“兄弟，有事早点说，我刚好手头有一笔闲钱。”就这样，一笔融资及时到位，挽救了张先生的公司。

老朋友不是用来攀关系的，而是用来重拾友谊的。激活“沉睡关系”的最好方式不是直接谈利益，而是以真诚的问候打开话题。一句简单表达关心的话，就可能点燃合作的火花。

“牵线搭桥”也能赚人情

聪明的创业者不仅懂得用人际关系开路，还会成为人际网络中的“红娘”。王老板经营一家食品公司，在一次行业展会上，他发现两家企业的业务完全可以互补。于是他主动牵线搭桥，成功促成这两家企业的合作。两家公司赚钱之后，自然不会忘记王老板的这份人情，后来纷纷把大单子交给他做。人际关系就像打地基，互利共赢的合作越多，地基越稳，未来的机会也越多。

注意人情过度消耗的“红线”

当然，人际关系也有“雷区”。小赵是个初创企业的销售，他频繁向一个客户公司索取资源，今天借用人手，明天讨要折扣，最终把客户的耐心耗尽，合作就此终止。这个例子说明，经营关系绝不能像吸血鬼一样一味索取，而是要时刻注意回馈。

人际关系的经营秘诀在于平衡。“小恩小惠”可以打破距离感，信任可以维持长久合作，但如果你一味索取而不付出，那关系再好也会走到尽头。要记住：每一次人情的消耗，都需要更有价值的回报作为支撑。

人际关系不是我们随时可以“提款”的银行，而是能掀起机会浪潮的大海。每一次真诚的互动，每一次细致的关心，都会在海面留下轻轻的涟漪。当机会来临时，这些涟漪会汇聚成巨大的浪潮，把我们推向成功的彼岸。

所以，下一次和客户吃饭时，不妨多聊几句他的兴趣爱好；下一次和朋友聚会时，别忘了主动关心久未联系的老友。商机，可能就藏在我们一次又一次的“举手之劳”里。

5.3 “无本生利”的创意生意模式

你有没有想过，什么是“无本生利”的生意模式？听起来是不是有点像“白拿不还”？实际上，这种模式并不是不劳而获，而是通过创意与智慧，用最小的成本创造出最大的商业价值。这种方式需要打破传统的资本先行思维，通过巧妙的资源调配与关系构建，以“零投资”或“低成本”启动项目。

我们该如何实现“无本生利”？让我们一起来看看几个经典的案例，领会其中的精髓。

利用现有资源，提供全新服务

“无本生利”的精髓就是充分利用现有资源。曾经有一个公司发起了一个名为“共享车库”的项目。这个公司并未拥有大量的车库，而是通过与城市中心的商场、写字楼合作，收集了大量空闲车位。然后，他们再把这些停车位提供给附近没有车位的居民和小商户。这听起来是不是很简单？就是这个创意，让该公司通过和第三方的良好关系，免费获得了他们空闲车位的使用权；同时，通过收取共享车库用户的停车费用赚取差价。几乎没有投资，这家公司成功地做大了生意。

这个案例成功的秘密就在于资源整合。公司不用花费大量资金购买车位，只需要与第三方合作就能将大量空闲车位资源变现。利用别人“闲置”的资源，提供市场所需的服务，这正是“无本生利”的智慧所在。

社交媒体中的“免费试用”策略

接下来，咱们再看一个社交媒体的经典案例。想想那些你常看到的免费试用广告——如果你每个月都收到类似的邮件，可能已经习惯了这种没有门槛的诱惑。一家新兴的护肤品牌推出免费试用活动，让顾客只需支付邮费，就能获得一套价值不菲的护肤品。此举让索要免费试用品的客户蜂拥而至，使该品牌迅速在各平台获得大量曝光。听起来是不是有点让人捉摸不透？品牌宣传明明没花多少钱，却能迅速获得大量曝光并争取到大量客户。

为什么这种“免费”模式能够成功？关键在于品牌并没有将大量资金直接投入营销，而是通过“免费”让利消费者，让消费者自发地分享与推荐，利用社交媒体和用户的口碑传播，迅速扩大品牌影响力。有不少消费者在免费试用之后成了忠实粉丝，主动购买了很多产品。通过这一策略，该品牌几乎用零成本吸引了海量客户，达到了“无本生利”的效果。

从“资源共享”到“反向创业”

“无本生利”，还有一种非常流行的模式就是反向创业，即通过利用自己并不拥有的资源来创造商机。一个简单的例子是短租平台，比如 Airbnb。Airbnb 的创始人并没有亲自拥有大量的房产，而是通过技术平台和社交网络将别人闲置的房间出租给需要短期住宿的人，实现了三者之间的资源共享。

反向创业模式的创新点在于，创业者通过低成本的技术平台和社交网络，聚集了大量闲置资源，创造了一个供需对接的市场，不需太多的前期投入。创业者通过建立与房东和住客之间的信任关系，让这一模式迅速发展起来。信任是“无本生利”的核心，这种“资源共享”的模式，是信任和资源整合的结果。

内容创作者的“零成本营销”

说到“无本生利”，不能不提内容创作者和社交媒体上的各种“网红经济”。例如，许多创作者通过发布短视频或写博客，分享生活窍门、旅游攻略，或者某款新出的零食。他们不需要自己生产产品，也没有巨大的前期投入，只需要用“创意”吸引观众，迅速积累粉丝。

某位博主分享了一款自己试用过的面膜，视频一经发布，就吸引了大量粉丝的关注，购买链接的点击量大涨，赚取了高额的广告费和提成。这个过程几乎没有资金投入，甚至不需要库存，完全依靠个人影响力和创意内容。没有实物产品，仅通过创意变现“影响力”，这种“无本生利”的模式成功开辟了全新的商业路线。

将服务与产品打包，巧妙捆绑

最后一种常见的“无本生利”策略就是服务与产品捆绑销售。你可能经常看到一些商家推出这样的活动：购买 A 产品，赠送 B 服务。例如健身房的“年卡 + 私人教练 1 对 1 体验课程”。这种捆绑销售策略不仅为商家带来了客户，还通过激发消费者的购买动机，实现了客户的二次消费。

这种方法的巧妙之处在于，商家并没有投入更多的成本，而是通过打包服务和产品，让客户感觉物超所值，从而提升购买欲望。特别是在服务行业，商家可以将无形的服务打包进产品中，以实现“零成本”的额外收益。

总的来说，“无本生利”并非凭空而来，它依赖的是精妙的商业创意和对资源的巧妙整合。无论是通过共享资源、“零成本”的营销，还是捆绑销售，只要能在细节中找到契合点，商业价值就能自然而然地提升。“无本生利”成功的关键，是要不断关注人际关系的经营和信任的积累——当你能用最小的投入撬动最大的价值时，你就掌握了“无本生利”的核心竞争力。

所以，下次当你面对“创业无钱”的困境时，不妨先问问自己：“我能用什么资源创造出独特的商业价值？”创意是最强的无形资产，利用得当，它能带来几乎零成本的巨量财富！

5.4 快速验证与迭代：低风险尝试商机的方法

创业，听起来似乎总是波澜壮阔的，像在大海中驾驶一艘豪华游艇，驶向未来。可实际情况是，很多创业者的第一艘船根本不是什么豪华游艇，而是竹筏。快速验证与迭代，就是你先乘“竹筏”在水上晃几圈，确保水面没有太多暗礁，再决定是否投资更贵的船。

从最小可行产品开始：别先做“豪华游艇”

我们都知道，不要把时间和金钱花在还不知是否行得通的事情上。所以，在商机验证时，最好从最简化的版本开始，看看市场是不是需要你想象的那个“庞然大物”。这个最简版就是我们常说的最小可行产品（Minimum Viable Product，简称 MVP）。在产品开发过程中，你不需要一开始就做个完整、复杂的产品，而是将资源集中在最核心的功能上，以最少的成本和最短的时间推出一个简化版，让市场来告诉你，这个点子到底行不行。

假设你是一个想做在线课程平台的创业者，如果你一开始就投入大笔资金录制一整套课程，做复杂的后端系统，那无疑是孤注一掷，风险很大。相反，你可以从一个简短的免费课程开始，采用社交媒体直播的方式。这样，你只需要小小的投资，就能快速收集用户反馈，判断市场需求，然后再决定是否继续投入更多资源。这种方法就像餐厅的试吃：小分量，多样化。你可以看看顾客喜欢什么，再根据反馈调整“主菜”。

在滴滴出行发展的最初阶段，创业者也并没有立刻上线一个完备的打车平台，而是通过简单的电话呼叫和短信通知服务，先解决了核心的“打车难”问题，再逐步完善和扩展。这种轻量级的尝试，让创业者避免了巨大的资金浪费，也能根据市场反馈快速调整。

快速反馈：让顾客为你指路

做生意，最怕的就是一意孤行，拿着一堆产品，结果却没人买账。因此，快速反馈至关重要。你需要不断向顾客“请教”，通过互动和调查了解他们的真实想法，及时调整产品。获得顾客真实想法的最有效方式，是通过社交媒体平台直接和顾客互动，尤其是通过数字化渠道，比如问卷调查、评论，以及直接回复客户的私信等。

早期的美妆品牌Glossier就非常注重与顾客互动。创始人Emily Weiss（艾米丽·韦斯）装作普通顾客，通过社交平台与潜在用户讨论化妆品配方，甚至在产品发布前，先做了一些草图或者小样，让粉丝投票选择最受欢迎的版本。这样，她可以根据顾客的反馈在短时间内优化产品。这不仅是省钱的好方法，也是避免盲目投入的明智选择。

为了及时获得客户反馈，很多互联网企业都设有客户反馈环节。例如，腾讯音乐每推出一项新功能，都会在上线前通过封闭测试收集反馈：如果用户喜欢，就加大投入；如果不行，就“掐掉”。这种方式，不仅让产品快速变得更好，还能及时扑灭市场反应冷淡的产品“火苗”。

A/B 测试：做个聪明的试水员

A/B 测试就像你试穿衣服，试了 A 款，觉得好，就买；试了 B 款，觉得更适合，就换款。A/B 测试是调研产品市场接受度的好方法。通过对比两组不同的产品或营销策略，看到底哪个更能打动消费者，哪些设计更能激发购买欲望。

想象一下，你是某个在线购物平台的运营经理，推出了两款主打“秋冬季节限定”的毛衣。你决定通过 A/B 测试来观察消费者的反应。A 款是经典的圆领设计，B 款是设计师联名款，带有一丝独特的个性。你将流量分成两组，一组显示 A 款，另一组显示 B 款，最终通过数据看哪个款式的点击率更高，购买转化率更好。

通过这种方式，你能很快找出受欢迎的产品风格，减少推广无效款式的资源浪费。对商家而言，A/B 测试不仅是一种低成本尝试，还是“精准出击”的利器。记住，创业时一定要用数据说话，不要光靠直觉。

聚焦核心问题：简单即美

万事开头难，创业开头更难。一开始的产品设计不能过于复杂。就如做一道菜，如果你一开始就加了五六种不同的佐料，就不知道哪种口味最合适。快速验证的精髓就是聚焦核心问题，切勿过于复杂化。

例如，你想做一款健身应用，市场上已经有很多类似的竞品。你可能会想加上健身计划、食谱推荐、社交等多种功能，结果忙了半天，做出来的 App 几乎没有用户愿意下载。你不如先专注于做一个极简版的应用，比如记录运动数据，提供运动提醒，解决用户“我今天应该做什么运动”的问题。这样做，你不仅能更快地验证市场需求，还能省下大量开发费用。

小米一开始推出的手机并没有其他品牌那么多花哨的功能，而是专注于性价比高的手机硬件和简单易用的系统，此举成功吸引了大量忠实用户。极简策略能让你在市场竞争中保持敏捷，快速找到用户的痛点。

以数据为驱动：每一步都有章可循

“数据不撒谎。”这句话在商场中简直是金科玉律。你想判断一个市场是否值得深耕，最直接的办法就是参考数据。你还可以通过用户的行为数据来发现潜在的商机，减少盲目投资。

假设你是一位餐厅老板，推出了一个新的甜品系列，开始时你并不确定哪个口味最受欢迎。那么，你就可以通过 POS 系统（销售时点信息系统）追踪不同口味的甜品销量，或者通过社交平台查看顾客对这些甜品的评价。通过这种方式，你不仅能避免投入过多资源在销量不佳的产品上，还能通过数据指导后续的产品迭代。

另外，数据驱动还体现在你的营销策略上。例如，在进行在线广告推广时，你可以通过点击率和转化率来衡量广告的有效性，不断地根据数据作微调，优化广告素材、投放时段，调整受众人群，让营销成果最大化。

总的来说，快速验证与迭代的核心在于“试水”和“反馈”，通过低成本、高效率的方式测试市场反应。你不需要一开始就做出完美的产品，而是用最小的投入做出最简化的版本，看看市场和用户的反馈，再根据这些反馈作出调整。这种方法不仅能降低投资失败的风险，还能在最短时间内判断商机是否可行。

所以，快速验证与迭代就是你的“商机试水器”，让你用最小的成本试探市场的深浅，最终作出合乎理性、精准的商业决策。

5.5 在困难中寻找突破口：逆境中的机会发掘

商机不会在阳光明媚的日子里自动出现在你眼前，它往往藏匿在风雨交加的重重困境中，需要超人的智慧和艰难的挖掘才能发现。创业就像登山，不是越爬越顺，而是你越往上爬，困难就越来越多。然而，正是在克服这些困难的过程中，藏着绝佳的突破机会。

如何在困难面前找到突破口，发掘新的商机呢？答案就是把逆境当作磨砺，把困难当作跳板。

从痛点中发现商机：困难中的用户需求

在第一章中，我们就强调了“痛点”，在困难中也是这样。疫情期间，口罩成了必需品，就在这个艰难时刻，很多商家看到了“口罩附加产品”的商机。口罩消毒柜、口罩挂链、一次性口罩收纳盒等创新产品，在这场全球卫生危机中迅速涌现出来。

类似的例子比比皆是。当消费者面临挑战和困难时，正是商家深入挖掘他们需求和痛点的好机会。例如，经济下行期，消费者钱包吃紧，许多奢侈品牌推出“轻奢”系列，以适应消费者降低的消费预期：既能够满足对高品质的追求，又不会有破产的风险。耐克和阿迪达斯都意识到，高性能、低价格的运动装备是市场蓝海——消费者既想省钱，又想得到高性能产品，于是这类商品一时间大热。

逆境中的商机往往是痛点和需求的直接体现。困难和挑战让消费者变得更加理性，他们会对价格、价值和产品满足的本质需求更加敏感。

利用技术推动变革

“科技改变一切”，这句话用在困境中尤为贴切。技术创新是应对困境的“解药”。随着经济压力增大，人工成本增加，许多企业开始利用自动化技术降低人工成本，减少生产中的支出。餐饮行业中的无人收银系统、智能餐饮机器人，就是在劳动力成本高涨的背景下出现的产品。

在“互联网 +”的浪潮下，许多传统行业借助科学技术走出了困境。传统医疗行业在疫情期间积极推动远程医疗，让患者可以足不出户地接受医生的指导，这不仅解决了病人看病难的问题，节约了大量医疗资源，还解决了病人出行、排队等问题。通过这种创新方式，互联网医疗行业迅速崛起，成为一个全新的市场。

所以，在困境中，科学技术创新不仅是企业的救命稻草，还是社会经济发展转型升级的重要驱动力。商家应该时刻关注行业技术的最新发展，观察哪些可以应用到自己的领域中，能够解决眼前的困境，找到新的商机！

逆境中的品牌价值塑造：品牌不只是卖产品

在困境中，最容易忽略的一点是品牌的价值塑造。很多商家只看重短期的效益，却忘了品牌长期建设的重要性。而品牌的力量，往往能在逆境中起到决定性的作用。

在美国大萧条与第二次世界大战时期，许多品牌都开始缩减广告投入。可口可乐却坚持进行品牌宣传，强调品牌“陪伴你渡过难关”的情感价值。它推出的广告语“在一起，我们更强大”，恰恰击中了消费者在逆境中的情感焦点。通过这种强有力的品牌塑造，可口可乐不仅在市场中保持了高份额，还提高了消费者忠诚度，成为消费者“处于难关时期的慰藉”。

反过来，有些品牌因为在困境中急功近利、过度打折，损害了品牌的价值和形象。坚持逆境中品牌价值塑造，保持品牌始终如一的独特性，这一点对高端品牌尤为重要，也是每个商家都要思考的问题。

解决新需求：疫情影响下的消费观念

疫情过后，消费者的消费观念、购物习惯、生活方式都发生了翻天覆地的变化。很多消费者更注重家庭健康、居家娱乐、线上购物和卫生安全。因此，商家要紧跟这些新的需求，创新产品和服务，占得市场先机。

疫情后的健康饮食趋势使得许多公司快速推出了无接触配送、生鲜配送、智能厨房电器等，以满足消费者居家生活的新需求。这些市场变化，无论是在疫情暴发初期还是在长期的疫情防控阶段，或者后疫情时代，都是商家必须紧跟的商机。

通过解决痛点、技术创新、品牌价值塑造等，商家不仅能在困境中找到新的机会，还能通过战略调整迎来更大的突破。逆境中的商机往往是最具突破性的，正因如此，它才是最值得深挖的宝藏。

所以，当你遇到困难时，别慌张——拿出你的“放大镜”，仔细找找，机会可能就藏在那些被忽视的角落里。

PART 6

风险决策与执行：从机会到成功

6.1 抓住关键时机：如何判断商机的可行性

商机就像一阵风，稍纵即逝。成功的创业者不会等待机会来敲门，而是精准地抓住关键时机，迅速出击。开发商机的关键在于发现商机并准确地抓住它。那么，如何做到这一点呢？

市场需求的确认：机会从问题出发

面对商机，你得搞清楚一个问题：这个商机，背后是否真的有市场需求？你能做的第一步，就是确定目标市场的痛点。假设你是一个厨艺爱好者，突发灵感，要做一款“智能厨房”，那你必须琢磨清楚：这款智能厨房真的能解决大众消费者的痛点吗？智能厨房有一定的市场需求吗？

例如，你想开发一款可以远程控制的炊具，这款炊具可以提前为消费者准备回家后的美味佳肴。听起来很酷吧！可是，在众多厨房电器中，消费者更关心的是安全性和简便性，而不是智能化。比起一回家就能吃上饭，他们更关心失火、燃气泄漏等安全问题。也许你的产品足够智能，但如果无法满足消费者最基本的需求，想法也就难以落实。

如何判断市场需求？要想准确判断市场需求，就得通过市场调研，从消费者的反馈中获得第一手资料。这不仅仅是听人说的“感觉好”，而是要通过数据来验证。接下来我们会详细讲解例子和方法。

对竞争态势的分析：与“同行”较量

商机的可行性不仅仅取决于需求，还要看看这个市场是否已经被其他竞争者占领。如果你想开发的商机已经被数十家大企业“虎视眈眈”，那就需要特别小心了。判断竞争态势时，你要思考几个问题：市场上有多少类似的产品？竞争者有多强？这些竞争者的缺点是什么？

可口可乐曾经在百事可乐的巨大竞争压力下，依旧找到了新的突破口。20 世纪 90 年代初，百事可乐占据了美国市场的主导地位。可口可乐推出了“新可乐”，试图通过全新的配方来与百事可乐竞争。然而，这次尝试遭遇了惨败。关键的转折点是可口可乐意识到消费者对“经典口味”的情感依赖，于是撤回“新可乐”，推出原味可乐作为“经典口味”的代名词。通过这个转折，可口可乐成功逆转了竞争局势，并最终获得了更多市场份额。

因此，判断商机的可行性时，一定要分析竞争者，不仅要看他们现有的优势，还要发现他们的短板，看看自己能否通过某种方式突破这一局限，找到差异化的空间。

资源与能力匹配：你准备好了吗？

开发商机不能完全看市场需求和产品创意，还要看你是否有足够的资源和能力来实现它们。有些看似完美的机会，因为没有足够的资金、团队或者技术支持，最终就无法落实变现。

面对可能的商机，你可以问自己几个问题：我能从哪儿筹集到所需的资源？如果资源有限，如何利用现有资源高效执行？我是否有足够的资金进行市场推广和产品研发？团队是否能快速应对不确定性？

小米最初的成功，不是单纯依靠资金实力，而是依靠强大的供应链管理能力和互联网营销策略。它通过精简的设计和极具性价比的产品吸引了大量消费者，并通过社交媒体上的口碑营销迅速打响了品牌。这种资源的高效整合，使小米在竞争激烈的市场中脱颖而出。

时机把握：机会的“窗口期”

商机，不是随时都能抓住的。很多时候，商机只有一个窗口期，错过了就永远无法重来。时机的敏感性在商机判断中至关重要。如果消费者对该产品的需求还未完全成熟，那就表示商机还没到来；如果竞争者已经牢牢占据市场，那就表明商机已经过去了。

共享单车刚兴起时，市场上几乎没有太强的竞争者，而消费者随时随地用车的需求却很强烈。摩拜、ofo 等共享单车品牌抓住时机迅速出击，占领了市场。但随着市场竞争加剧，共享单车的“黄金时代”过去，许多品牌因为过度扩张和管理问题，迅速消失。

如何抓住商机的窗口期？关键是要对市场保持高度敏感，快速反应，在机会窗口期内果断决策。市场变化迅速，如果你反应迟钝或者过度犹豫，就会错失良机。

靠直觉决策很危险：数据支持更可靠

在商机的判断过程中，凭直觉作决策是一种非常危险的做法。判断商机是否可行，应该用数据来说话，有数据支撑的决策更稳定可靠。你可以通过市场调研、用户反馈、竞争对手分析以及行业趋势数据来判断某个商机的潜力。

电商行业的快速发展，很大程度上依赖于大数据的支持。通过对用户行为的精准分析，淘宝、京东等电商平台能够精准掌握消费者的需求情况，并基于这些数据调整产品策略和推广方法。尤其是在“618”“双11”等购物节期间，这些电商平台借助数据分析不断优化用户体验，提升销量。

对商机可行性的判断并非直观，而是需要从需求、竞争、资源、时机等多个角度进行综合分析后才能作出的判断。成功抓住商机就是你在合适的时机与市场需求进行碰撞，并通过资源整合、团队配合迅速启动项目，走向市场。你不仅要看准机会，还要快速执行，把握每一个关键节点。

因此，不要等到机会消失之后才懊悔，你应该抓住关键时机迅速出击，这样才能确保你在创业的道路上不被别人甩在后头。

6.2 常胜不败的 OGSCV 原则：优化决策过程

在激烈的商业竞争中，任何一项决策都可能影响最后的结果。就像下围棋一样，一招不慎，满盘皆输。因此，如何作出最优决策，是每个创业者的必修课。今天，我要给大家介绍一个常胜不败的决策办法——OGSCV 原则。

OGSCV 原则简单实用，能够帮助你在复杂的商业决策中厘清思路，精准发力。只要你掌握了 OGSCV 原则，决策过程就不再是“蒙头乱撞”，而是稳操胜券。

O = Objectives（目标）：确定目标非常重要

我们首先需要明确自己的目标。没有目标的决策就像开车没有目的地，最后只能迷失在无尽头的道路上。某位企业家决定推出一款新的智能水杯，目标是“改变人们的喝水方式”。但是他的目标既不清晰也不具备可衡量性。结果产品开发出来后，根本没有吸引力，投资者也无从下手。为什么？因为没有清晰的目标，商机就变得“玄幻”，看似很有前景，实则根本抓不住重点，无处下手。

在使用 OGSCV 原则时，第一步就是要设定 SMART 目标（Specific：

具体；Measurable：可衡量；Achievable：可达成；Relevant：相关性；Time-bound：时限性），比如“在未来六个月内，提升智能水杯市场份额10%”。这样一来，目标明确，决策时就不容易迷失方向。

G = Goals（目标细化）：实现小目标，让大目标越来越近

目标有了，接下来就是把大目标细化成一系列的短期目标。就像你要去旅行，最终目的地是巴黎。在出发前，你要清楚旅程需要经过哪些站点，先到哪里，再到哪里，怎么坐飞机、怎么买票、住哪儿、吃什么。对大目标进行细化，可以让你每一步都走得更加稳健。

假设你是一家咖啡店老板，目标是“提升客户复购率”。你可以把它拆解成几个更具体的小目标，比如：“提高老客户回访频率”“增加会员卡绑定量”“设置复购优惠机制”，甚至是“分析客户流失的原因”。这些小目标会变成你日常运营的指南针，让你在每一个关键动作上更有方向感，自然也就离大目标越来越近。

S = Strategies（策略）：用最聪明的方式达成目标

有了明确的大目标和细化的子目标，我们就需要制定策略了。策略是通向目标的道路，这是一条精心选择和设计的道路。我们不能走一条死路，要找到最便捷的路径。

举个例子，你要推出一款新产品，目标是抢占市场份额。但你不能简单地通过降价来吸引顾客，这就好比你不能选择走一条泥泞的小路到达目的地，因为这效率太低了。与其降价，不如通过增加产品附加值，比如一款香薰，其基础功能是清新空气，还可以通过添加助眠成分，或

是优化外观设计等来提高竞争力。通过差异化策略，你不仅可以获得市场份额，还能提升品牌的独特价值。

C = Controls（控制）：确保计划有监控系统

确定了目标，制定了策略，接下来就要确保你能在执行过程中掌控全局。就像开车，你不仅要知道自己去哪里，还得时刻关注车速、路况、油量等。

在商业决策中，你要确保你的计划有监控系统，定期监控进度，检查每一个细节。你可以设置 KPI（关键绩效指标），并用数据来跟踪进展。比如，每个月查看销售数据、用户反馈、市场占有率等，通过这些信息判断项目是否沿着正确的轨道前进。如果偏离了，及时调整，避免“小问题”变成“大危机”。

V = Validation（验证）：决策要验证，不盲目投资

在商场上，很多人在作决策时容易迷信直觉，觉得自己有眼光，做一切都是靠直觉，只要自己感觉靠谱就行了。这种做法不科学，充满了冒险成分。

在 OGSCV 原则中，验证是最后一环。验证的关键是，通过实际测试或者试点项目，看看决策是否符合预期目标。比如，你在推出某款新产品前，先做一个小范围的市场测试，通过少量订单或者试销，收集消费者反馈，验证产品是否符合市场需求。这比一开始就盲目投入大量资金、全力推进要稳妥得多。

苹果公司在推出每一款新产品前，都会先通过小范围的发布会和预

售活动来试探产品的市场反响。这样，既能确保新产品的“爆款潜力”，又能最大限度降低可能的风险。

OGSCV 原则：让决策不再靠运气

商机从来不会自动送上门，它需要我们在目标、目标细化、策略、控制和验证等多个步骤精心打磨。OGSCV 原则帮助你一步步厘清决策思路，在竞争激烈的市场中稳操胜券。通过优化决策流程，你的商业之路不再靠运气，而是稳扎稳打地有序推进。

6.3 迅速行动：如何以最快速度抢占市场先机——军用食品的商业化

在商业世界里，有人喜欢慢条斯理地打磨产品，有人却偏偏要踩着风火轮抢跑。第二次世界大战期间，美国食品行业就上演了一场“战场版”速度与激情。

二战期间，美国不仅在军事战场上抢占了重要战略地位，在食品产业中也开展了一场“迅速行动”的商业斗争。特别是在军用食品领域，几家公司通过为军队提供紧急口粮，成功转型进入民用市场，创造了不可忽视的商业成就。

第二次世界大战爆发后，美国的军队面临着一个巨大的问题：如何为士兵提供足够的食物，同时确保食物在战场上的便捷性、耐储存性和营养价值。为了解决这个问题，军方与多家食品公司合作，研发了MRE（Meals Ready-to-Eat，战斗口粮），并由此催生了一批以军用食品起家的品牌。

其中，最为知名的品牌就是Kraft Foods（卡夫食品公司）。这家公司凭借其长期积累的食品生产经验，不仅成功进军军用口粮市场，还在战后迅速转型，借助MRE的成功，打开了民用市场的大门。

军用口粮的应急需求：MRE 的出现

第二次世界大战初期，军方需要一种能在恶劣环境中储存并且便于携带的口粮。经过多次实验，MRE 正式诞生。MRE 的特点在于能够提供全套的餐食，这些餐食可以被储存多年，且无需冷藏。MRE 的标准套餐包括主菜、配菜、糖果、饼干、饮料以及热量充足的能量食品，这些都可以在战场上快速食用，确保士兵的体力。

最初，MRE 是专为美军战士设计的紧急口粮，它不仅在战场上提供了快捷的热食，还满足了营养需求。在满足军方需求的同时，这种军用食品显示出了巨大的商业潜力。

商机的快速捕捉：军用食品转民用

随着第二次世界大战的结束，许多军事企业开始思考如何将军需食品这一成功的项目转入民用市场。尤其是像 Kraft Foods 这样的公司，它通过为军队提供 MRE 口粮，积累了大量的生产经验，并且在口粮生产中应用了冻干技术、高效包装技术等新技术，这些技术迅速推动军用食品向民用食品市场渗透。

Kraft Foods 成功推出了 Kraft Dinner（卡夫晚餐）这种速食产品。它使用了类似军用食品的制作工艺，能够迅速调配、快速食用，并在价格上具有优势。Kraft Foods 通过一系列的转型，成功将军用口粮的生产经验转化为商业利润，并让其品牌在战后的美国市场上迅速崭露头角。

此外，Hormel Foods（荷美尔公司）也在第二次世界大战后通过将军用食品转化为民用产品取得了巨大成功。Hormel Foods 原本以生产罐头肉而闻名，在第二次世界大战期间，它开始为军队提供 MRE 口粮中的肉类部分，尤其是 SPAM（世棒）罐头。战后，Hormel Foods 便将 SPAM 这一产品推向了大众市场，并且通过大量的市场推广和文化营销，使其成为美国老百姓餐桌上的常见食品。

战争与和平下的商业机会

MRE 口粮和类似的军用食品技术的创新，不仅解决了战争期间的食物问题，还为战后美国社会带来了巨大的商机。例如，Kraft Foods 和 Hormel Foods 等公司借助军方需求，迅速扩展了生产线，在战后成功推出了大量的民用便捷食品。这样的成功不仅仅是技术的胜利，还是商业策略的胜利，它们紧紧抓住了“战争转民用”的机会。

SPAM 这一军用食品在战后通过广告、文化符号的赋能，成为美国社会和文化的一部分。它的成功依靠的不仅仅是产品的质量，还有公司在战争结束后敏锐的市场洞察力和快速的执行力。

市场竞争：从军事市场到主流市场

战后，许多食品公司迅速看到了 MRE 食品的潜力，一些企业也试图进入这一市场。Mountain House（山屋）和 Wise Foods（维氏）等品牌，纷纷推出民用版本的 MRE，并依靠强大的市场推广和品牌效应，在市场上逐步占据一席之地。

Hormel Foods 和 Kraft Foods 凭借进入市场早和品牌的积淀，成功将军用食品转化为主流消费品，市场地位稳固。徒步旅行、露营等户外活动的兴起，使得 MRE 的需求量大大增加，这些公司通过不断改良和创新，始终保持着对市场的主导。

MRE 的研发不仅满足了战争的需求，还开辟了军事食品的商业化道路。这些企业成功捕捉到商机，通过军需品转入民用市场的战略，获得了可持续的商业利润。通过军用食品的快速创新与转型，这些公司展现了在特定时机迅速抓住商机，快速执行，最终在战后的市场上获得持续成功的超强商业竞争能力。

这个例子为今天的企业提供了一个重要的启示：无论是战时还是和平时，抓住市场变化的机会，迅速执行并创新产品，才能在竞争激烈的市场中占领一席之地。

6.4 风险控制与资源调配：从战略到执行的关键环节

商机开发就像做菜，一锅好菜不仅要选对食材，还得掌握好火候。这里的“食材”就是资源，“火候”就是执行，风险控制就是你在做菜过程中防止烧焦的那把锅铲。那怎么保证不把商机煮成焦炭呢？这就得靠我们巧妙地调配资源，同时把风险牢牢地控制在可承受的范围内。

风险控制：没有“盲目冲刺”，只有“稳中求进”

商机的背后不只是财富，还藏着各种不可预见的风险。企业一旦忽视了这些风险，就可能在疯狂追逐市场利益的过程中摔个大跟头。那怎么办？我们先来看一个风险控制的典型案例——特斯拉。特斯拉是一家电动汽车及清洁能源行业跨国公司，专注于生产和销售电动汽车、太阳能板，并提供储能设备与系统解决方案。特斯拉打破了传统汽车制造行业规则，成为行业佼佼者，连续多年入选《财富》世界500强。特斯拉不是一下子就变成今天的行业巨擘的，而是通过精准的风险控制，一步一步地推进和发展起来的。

曾经，特斯拉也面临着资金“大坑”和技术不成熟的问题。如果当时马斯克没有冷静下来，而是继续“暴走”，那么一场“车市革命”可能就会化为乌有。特斯拉并没有继续做大做强，而是先试探性地推出了 Model S，解决了技术瓶颈，再推出 Model 3，用更亲民的价格吸引更多用户。这一策略让特斯拉既能够占有市场，也能够避免资金的过度消耗。

特斯拉的成功有很多因素，最关键的还是它在资金池和技术壁垒上的精准把控。特斯拉通过风投融资、政府补贴和股权融资等方式，让自己及时“回血”，没有让风险吞噬掉资金流。任何一个环节出了问题，马斯克都会及时调整战略，做到稳中求进，让风险最小化。

资源调配：要么轻装上阵，要么全面出击

资源调配的艺术就是用有限的资源做无限的事。如果一个企业有无限的预算，那当然可以随便“撒”资源，反正用不完。但是，现实中不可能有这样的企业，大家都得“节俭”一点，学会将手头有限的资源用到刀刃上。

我们来看一下 Netflix 是如何玩转资源调配的。刚开始，Netflix 其实只是一家 DVD 租赁公司，和好几百家同类型的小企业并无二致。但 Netflix 采取了一个非常聪明的战略：快速转型，放弃传统的 DVD 租赁服务，转向更具未来感的流媒体业务。

这时候，Netflix 做的不是“撒胡椒面”，而是精准投放。它把公司所有的资金都用在了流媒体平台的建设上，在全球疯狂购买内容版权，一边扩展自己的平台，一边通过强大的内容库吸引用户。Netflix 并没有一开始就急于生产原创剧集，而是通过版权购买等方式保证初期的稳步增长。

最重要的是，它并没有陷入“先投够多，再看后果”的误区，而是将资源调配得井井有条。通过精准的市场判断和敏锐的竞争意识，Netflix

不仅成功避开了 DVD 租赁行业的衰退，还通过原创内容逐渐建立起自己独特的品牌，最终成为全球最强的流媒体平台之一。Netflix 的成功，给我们上了一课——聚焦核心资源，灵活运用战略，让转型比一场飞天魔术还要精妙。

从战略到执行的无缝衔接：执行计划要快如闪电

“战略是企业的灵魂，执行力是企业的肉体。”战略看起来很好，但如果执行不力，那么只能白费功夫。一个商机的成功开发不仅需要战略规划，还需要高效、灵活、快速地执行。

亚马逊就是一个典型的例子。早在 1994 年，杰夫·贝佐斯就意识到电商将改变整个零售行业。他的战略是清晰的：构建一个全球最大、最便捷的在线零售平台。但是，这个战略如何快速落地？那可不像简单地开个网店那么轻松。

在多年的发展过程中，亚马逊表现出非常强大的执行力。1995 年，亚马逊刚开始售卖书籍，但它并没有只局限于书籍这一单一产品，而是逐步拓展到几乎所有商品。亚马逊几乎每一年都会推出一项革命性的服务或者平台。亚马逊 Prime，一开始它只是为了解决运输速度的问题，但很快变成了会员制服务，不仅提升了客户黏性，还带来了稳定的收入来源。亚马逊的亚马逊云服务（AWS），从一个小小的项目，迅速扩展为全球最大的云计算平台，成了亚马逊盈利的重要来源。

亚马逊没有“等”，而是迅速执行，及时调整战略。从图书到其他商品，从产品到服务，它一边推陈出新，一边根据市场的反应灵活调整自己的方向。亚马逊的资源调配和执行力几乎是完美的，战略和执行就像一台高效运转的机器，把一个个看似遥不可及的目标逐一实现。

关键点：灵活配置资源与有效管理

要想让商机得以顺利开发，企业必须做到在战略布局上精准规划，同时在执行过程中保持灵活。无论是特斯拉、Netflix，还是亚马逊，成功的背后都有一个无缝衔接的执行系统，这才是商机开发的关键所在。

所以，企业的战略和执行必须紧密结合，既不能过于激进，又不能过于保守，通过精准控制、灵活调整，将有限的资源发挥到极致，最终达到理想的市场效果。如果能够在风险控制和资源调配上做到无懈可击，那么，离成功也就不远了。

无论是特斯拉的资金调度、Netflix 的资源分配，还是亚马逊的执行速度，商机的开发从来都不是简单的“硬推”，而是通过精准的战略布局、灵活的资源调配和执行的敏捷响应，来最大化地利用机会。记住，商机开发就像煮火锅，得调好底料，再迅速把食材投进去，最后不忘加点调料，才能尝到最美味的火锅食物。

6.5 创业者的心态：战胜失败的心理策略

创业过程中，每个人都会面对失败。失败和成功之间的关系，就像蹲下和跳远的关系——蹲下并不是认输，而是为了跳得更远！失败是创业走向成功的必经之路。战胜失败，你需要的不仅是硬实力，还要有一颗坚韧的心。

心理韧性：失败不是终点，而是跳板

心理学家马丁·塞利格曼提出了习得性乐观的概念，强调一个人面对失败时的态度决定了他能否东山再起。他发现，那些能够用积极因素解释失败的人，往往比悲观者更能从挫折中恢复。所以，如果你的创业项目刚上线就遭遇失败，别忙着怀疑人生，不如像塞利格曼建议的那样，把失败归咎于暂时性和外部性因素。因为，一场失败并不能决定你的整个人生。

著名的霍华德·舒尔茨，星巴克的灵魂人物，最初在筹集资金时，被 217 位投资人拒绝。每一次失败，他都选择相信这些拒绝只是暂时的。功夫不负有心人，他执着的咖啡梦最终感动了世界。如今，星巴克的绿色美人鱼几乎在全球的每个角落微笑着欢迎客人。

成长型心态：失败的另一面是学习

“失败是成功之母。”与这句话的中心思想相同，心理学家卡罗尔·德韦克提出了成长型心态的概念：相信能力是可以通过努力提升的，而失败是学习的机会。你如果害怕创业过程中的失败，那可能还没有掌握关键的成长型思维。

还记得托马斯·爱迪生的那句名言吗？“我没有失败过一万次，我只是找到了一万种行不通的方法。”这句话的背后，是一个人面对失败时的学习心态。创业者不妨学习爱迪生的“灯泡哲学”：每一次失败都会让你更接近最终的成功。

心理资本：越失败，越要稳住心态

心理资本理论认为，一个人的效能、希望、乐观和韧性是他在面对挑战时的关键资源。创业失败时，你需要的不是一场说走就走的旅行，而是重新聚焦在心理资本上。

苹果公司的创始人史蒂夫·乔布斯，在 30 岁时被自己一手创办的公司解雇。然而，他并没有被打垮，而是用这段时间创建了 NeXT（一家计算机公司，买下了 Pixar（皮克斯），最后以更强大的姿态重回苹果公司。乔布斯的经历告诉我们，失败不可怕，可怕的是你因此失去了信心、希望和韧性。

“逆商”：失败时的弹性应对能力

心理学家保罗·斯托兹提出的逆商（AQ），即 Adversity Quotient，专门用来衡量一个人在逆境中的表现。逆商高的人会视逆境为机遇，而非阻碍。他们在失败面前不会轻易退缩，而是努力寻找解决问题的方法。

创业者可以从逆商理论中学到：当失败来敲门时，别急着打开负面情绪的大门。与其被情绪支配，不如问问自己："这次失败可以让我学到什么？"或者更直接点："我下次该怎么做才能赢回来？"

用幽默面对失败，别让压力压垮你

创业者面对失败时，千万别丢掉幽默感。幽默不是逃避现实，而是一种调节压力的有效方式，就像一场心灵的按摩。心理学研究表明，幽默不仅能缓解焦虑，还能让人更容易接受负面结果，从而迅速调整状态，继续投入下一步行动。

美国喜剧演员 Jim Carrey（金·凯瑞）年轻时，家庭贫困到住进破旧的房车，生活的窘迫简直到了可怕的程度。然而，他没有选择沉溺在苦难中，而是用幽默为自己开辟了一条新路。他说："我用笑话安慰自己，后来才发现，我还能用这些笑话安慰全世界。"他的幽默不仅救赎了自己，还为他赢得了事业上的成功。试想一下，如果他当年因为生活窘困就"躺平"，我们就再也不会看到那部经典的《楚门的世界》。

在失败面前，我们不妨自嘲一下，把失败当成一位敲错门的迷路的客人。你可以说："失败来了，它一定是迷路了，我会好好招待它，让它尽早离开。"这样的幽默能冲淡失败的沉重感，让你更从容地面对下一步。

更重要的是，幽默还能在团队中发挥奇效。当项目遭遇滑铁卢，整个团队都士气低落时，领导者如果能适时开个小玩笑，比如"看来我们给竞争对手上了一堂生动的免费课啊！"不仅能缓解大家的负面情绪，还能激发出新的讨论和思路。幽默是一种智慧的表达，也是一次情绪的重启。

当创业失败时，幽默不仅是用来给自己打气的，也是一种创造东山再起机会的智慧。记住，人生就像一场长跑，失败是沿途的小石子，你可以选择被它打败，也可以选择捡起它，当作路标或弹弓的弹药。遇到失败，不妨幽默一下：“这次摔得够不够有创意？下次要不要再加点花样？”

PART 7

长期发展的新视角

7.1 商机背后的商业模式：如何建立可持续发展的架构

在商机开发中，商业模式的可持续发展不是单纯的资源问题，而是一种“全局设计”的艺术。成功的商业模式不仅要考虑产品和市场，还必须围绕企业内部的资源整合与优化形成长期发展的架构。在这个过程中，人力资源的管理与创新无疑是最核心的驱动力。

人力资源：商业模式的发动机

如果说商业模式是一台复杂的发动机，那么人力资源就是这台发动机的核心部件。从早期的流水线生产到现代的智能化生产，每一次商业模式的升级都离不开人力资源管理的创新。许多企业通过优化人力资源，不仅实现了短期的快速扩张，还奠定了长期发展的基础。

以通用电气公司（GE）为例。在第二次世界大战期间，面对劳动力短缺和战争需求的双重压力，通用电气选择从人力资源着手，通过“弹性雇佣”和“技能再培训”两个策略解决了产能问题。通用电气不仅重新分配了现有员工的工作内容，还与政府合作，为战时工人提供短期培训，使他们迅速上手。这一模式很快提高了生产效率，确保了战时订单的按时交付。更重要的是，这种管理方法在战后转型中发挥了关键作用，帮助通用电气迅速调整业务方向，从军工领域拓展到民用消费领域，奠定了企业长期发展的战略基础。

这两个策略解决了通用电气的短期问题，后来成为 GE 商业模式的重要组成部分。GE 认识到，员工不仅是劳动力，还是企业未来创新和成长的核心资源。第二次世界大战结束后，GE 进一步优化人力资源管理，将“终身学习”和“全员培训”融入企业文化，建立起了一种动态发展的商业模式。

福特汽车：流水线背后的人力革命

Henry Ford（亨利·福特）这个名字常常和“汽车工业革命”联系在一起，他的商业模式因流水线生产而闻名。这一商业奇迹的出现离不开福特对人力资源的深刻理解与创新管理。

20 世纪初，福特汽车公司面临的挑战不仅仅是如何降低成本、提高生产效率，还包括如何留住工人。当时，流水线的高强度工作导致员工流失率高达 37%，几乎每年需要重新招聘全体工人三次。为了解决这一难题，亨利·福特做出了一个惊人的决定：将工人的日薪从当时行业平均的 2.34 美元直接提高到 5 美元，并将每天工作时间缩短至 8 小时。

这一举措在当时被认为是“不可理喻”，但福特的逻辑却极其清晰：通过提升员工待遇，吸引并留住优秀工人，减少频繁招工和培训的隐性成本，同时提高生产效率。这一策略立竿见影，福特不仅稳住了员工队伍，还激发了他们的工作积极性，使 T 型车的产量迅速攀升，从而彻底改变了汽车行业的规则。

福特汽车的成功表明，商业模式的可持续发展不只取决于技术或产品的创新，还取决于人力资源管理的前瞻性思维。当企业愿意对员工进行投资时，员工的回馈往往超出预期，从而形成一种正向循环的商业生态。

Nestlé（雀巢）：从战时供应商到全球食品巨头

与福特汽车相似，雀巢的崛起也有赖于其在人力资源管理上的独特策略。雀巢最早凭供应军用奶粉和巧克力在欧洲市场站稳脚跟。真正让这家公司实现全球性扩张的，是它在第二次世界大战后的转型与人力资源战略的深度结合。

二战结束后，雀巢面临的最大挑战是将战时积累的生产资源转移到民用市场，同时保持产量的增长。雀巢认识到，单靠技术改进不足以支撑其长期发展，必须通过建立全球化的人力资源网络，挖掘市场潜力。雀巢采取了两个关键步骤。

第一步是全球化招聘与本地化融合。雀巢在全球范围内招募并培养当地管理人才，而非单纯依赖总部派遣。这一策略不仅增强了公司在不同市场的适应能力，还帮助雀巢快速赢得了当地消费者的信任。比如，在印度市场，雀巢雇用印度本地营销团队设计符合其文化习惯的广告，使雀巢咖啡和奶粉迅速成为印度家庭必需品。

第二步是持续培训与跨国轮岗。雀巢建立了一个覆盖全球的员工培训与轮岗体系，让员工在多个国家积累经验，从而更好地理解不同市场的需求。这一策略培养了一批具备全球视野的管理者，使雀巢能够在国际竞争中始终保持领先地位。

从理论层面看，福特和雀巢的成功都可以用资源基础理论（Resource-Based View，简称 RBV）来解释。这一理论认为，企业的核心竞争力源于其独特的资源，而人力资源正是其中最重要的一部分。相比固定资产，优秀的人才不仅能快速适应市场变化，还能为企业带来持续的创新能力。

心理学领域的研究也为这一做法提供了支持。心理契约理论指出，当企业与员工建立了超越经济利益的情感联系时，员工的忠诚度和创造力都会显著提升。这种契约感在雀巢的全球化招聘策略和福特的高薪政策中都得到了充分体现。

当然，人力资源管理不会一帆风顺。某位资深企业家曾打趣道："管理员工就像谈恋爱，你给得太少，他们会跑；你给得太多，他们会'作'。"虽然是玩笑话，却道出了人力资源管理的微妙。

福特的"5 美元日薪"政策在初期确实引发了不少争议，甚至有竞争对手嘲讽道："福特的钱不是烧得很快，而是烧得很蠢。"但几年后，当他们发现福特的员工不仅敬业，还开始用自己的薪水购买福特的汽车时，这种嘲笑就变成了羡慕。

雀巢也遇到过类似的挑战。在推行跨国轮岗制度时，一些员工抱怨"每年换一个国家就像不停搬家，行李都来不及收拾"。但随着这些员工晋升为全球高管，他们又纷纷感叹"原来每次搬家都是在为我的事业装箱"。

商机背后的商业模式，不仅需要技术和市场的支持，也离不开对人力资源的深度挖掘与创新管理。从福特到雀巢，这些企业的成功经验表明——人才不仅是"可用的资源"，还是"可增值的资本"。那些能够平衡员工需求与企业利益的公司，往往在商机开发的道路上走得更远。

7.2 未来科技与消费变迁：人工智能、大数据与商机

在这个科技飞速发展的时代，未来的商业版图正悄然被人工智能和大数据重新绘制。这是一场技术革命，更是消费习惯、需求和商业模式的全方位升级。无论你是刚刚踏入商界的新手，还是久经沙场的企业家，都必须在这波科技浪潮中找到属于自己的商机，否则，很可能会被时代无情地淘汰。

如今，人工智能已经无处不在，从手机上的语音助手到推荐你“买买买”的算法，它正在以令人惊叹的速度融入我们的日常生活。对企业来说，AI 的真正魅力在于它能够比人类更快、更准确地识别商机。

案例：语言模型的运用

许多初创企业通过接入类似于 ChatGPT（一个聊天机器人模型）的语言模型，极大地提高了效率，缩减了内容生产成本。例如，一家电商平台通过 AI 优化了用户产品搜索体验，推动了月销售额的增长。一家公司需要编写数百篇产品介绍文案，但预算有限，时间紧张。这时，人工智能的语言模型可以高效地撰写出为该公司量身定制的全部文案。AI 简直是办公室文字工作人员的大救星。

AI 并非只为技术公司服务。AI 驱动的情感分析工具已经被一些零售

商使用。例如，一家咖啡连锁店利用 AI 监测客户点单时的表情，调整背景音乐或产品推荐内容，提升了客户的满意度和消费额。这让我们看到，未来的商业竞争不仅在于产品质量，还在于通过 AI 精准识别和利用消费者的情绪。

大数据并不是一个新名词，对它价值的挖掘正变得越来越精细。现代消费者每天都会留下大量的数字足迹：从网上购物记录到社交媒体点赞，这些数据就是企业挖掘商机的金矿。

案例：网易云音乐如何从数据中读懂用户

音乐流媒体平台网易云音乐的成功很大程度上得益于它对大数据的应用。通过分析用户的听歌记录、播放次数和歌单创建行为，网易云不仅能够向用户推荐符合他们口味的歌曲，还能预测他们可能喜欢的风格。更胜一筹的是，网易云利用数据开发原创内容——根据平台上最流行的风格，联系音乐制作人创作新歌。这种数据驱动的内容生产模式让网易云每年增加数百万新用户。

在消费领域，大数据正在引领个性化服务的风潮。一些高端服装品牌通过分析客户的购买记录、身材数据和浏览习惯，为客户定制个性化的穿搭建议。这不仅提高了客户的满意度，还显著降低了退货率，为品牌节省了大量运营成本。

如果说 AI 是聪明的“脑袋”，那么，大数据就是这个脑袋的“知识库”。两者的结合，正在推动消费体验的全面升级。

案例：亚马逊无人超市的运营逻辑

虽然亚马逊的无人超市 Amazon Go 已经被新闻、商业课程等多次提及，但它依然还有很多值得挖掘的东西，是一个探索未来商业模式的经典案例。Amazon Go 是 AI 和大数据的完美结合：AI 视觉系统通过摄像头和传感器追踪消费者在商店中的每一个动作，大数据则记录他们的购物习惯和偏好。两者结合以进一步优化商品布局与库存管理。

比如，一位顾客拿起一瓶牛奶后又放回了货架，系统会实时记录这一动作，并分析是什么让顾客最终没有购买。如果发现大部分顾客都做出了类似的举动，商店会立刻调整商品的价格或促销策略，以使销量最大化。

这种模式不仅提升了购物效率，还极大地减少了排队时间和人工成本。在未来，这种无人超市的“精准分析”和“无感支付”可能会成为主流。

未来科技下的消费变迁：商机从何而来?

人工智能和大数据不仅改变了消费者的行为，也重塑了他们的需求。未来的消费趋势可以总结为以下两个方向。

第一是极致的个性化。从定制化饮品到个性化健康计划，消费者对“只属于自己”的服务越来越有兴趣。企业通过大数据分析，可以更好地满足这种需求，并以此为切入点打开市场。第二是隐私与信任的平衡，虽然 AI 和大数据为企业提供了更多洞察消费者购物行为的便利，但消费者对隐私的担忧也在增加。那些能在使用数据和保护隐私之间找到平衡的企业，将更容易赢得用户的长期信任。

未来的商机就像一场科技与人性的舞蹈，AI 和大数据无疑是这场舞会中的明星。但别忘了，它们跳得再优美，也得靠“观众”买票。就像某位业界领袖说的：“数据再多，算法再强，最后也得有人掏钱啊！”

未来的企业家不仅要学会驾驭科学技术，还要懂得如何与消费者建立真正的联结，因为，生意归根结底还是“人”的生意。

7.3 社会责任与企业价值：赋能品牌的商业策略

商业世界里，“责任”早已从一个好听的道德标签变成了切切实实的商业策略。企业承担社会责任（Corporate Social Responsibility，简称CSR），不仅能刺激消费者的购买动机，进而转化为销售额增长，还可以改善品牌形象。目前，在政策推动和消费者觉醒的双重夹击下，企业再也不能“装睡”了。你不承担社会责任？那市场会让你付出代价。

咱们先来看看欧盟这个“班主任”的教学方法。2014年，欧盟颁布了《非财务报告指令》（NFRD），要求“年营业额4000万欧元以上”的“优等生”企业必须提交环境、社会和员工管理等方面的成绩单。这一政策可不是让企业随便填写，而是真刀真枪地督促它们在环保和社会责任上多花心思。结果如何呢？数据显示，自这项政策实施以来，欧盟的环保类投资增长超过20%。显然，“班主任”不仅严肃，还相当有手段。消费者也变得挑剔起来，开始用“绿色滤镜”看品牌。

再看美国这个“班级”，“班主任”更像个鼓励创新的导师。美国通过证券交易委员会（SEC）的调整，引导企业将环境、社会与治理（ESG）因素纳入财务信息披露内容。虽然不像欧盟那样“逼着交作业”，但这种鼓励方式同样有效。例如，苹果公司豪迈宣称要在2030年实现整个业务、生产供应链和产品生命周期的碳中和，特斯拉则一边掀起新能源汽车革命，一边让全世界重新认识了可持续发展的可能性。看得出，美国的企业更像是在“班主任”的宽松指导下自由发挥。

接着聊聊中国这个勤奋的“后进班”如何后来居上。自从喊出“双碳”目标，中国的政策就像加了涡轮增压器，不断推出各种节能减排的“硬指标”。新能源汽车补贴、碳排放交易系统、地方政府的绿色项目竞赛都在持续发力。政策就像“教练”，一边帮扶潜力股企业快速成长，一边倒逼高能耗企业加速转型。比如华为通过智能电网技术参与国家绿色项目，既赢得了声誉又开辟了新的增长点。这波操作不仅漂亮，还说明“教练”的指导方向抓得很准。

再把话题从环境转到社会责任的“小角落”。美国的零售巨头 Target（塔吉特），就像班级里的“团委书记”，总爱组织各种公益活动。支持女性创业？安排！推广环保产品？搞起！社区教育项目？必须整起来！这种 CSR 策略不仅让品牌美誉度“噌噌涨”，还培养了消费者对社会责任的认知，一举两得。

当然，政策中的“胡萝卜加大棒”组合策略才是点睛之笔。以欧盟为例，绿色企业能享受税收减免和融资优惠，而不达标的企业可能连政府采购的大门都进不去。这样的规则，让企业在选择做“环保尖子生”时，不仅看到未来的“好前途”，还能尝到现实的“甜头”。

一份由消费者研究与零售监测公司 Nielsen（尼尔森）发布的报告显示，全球 66% 的消费者愿意为具有社会责任感的品牌支付更多的钱。其中，“千禧一代”和“Z 世代”的消费者尤为关注品牌的社会贡献。再看看具体例子，首先是宜家的绿色战略。

宜家承诺到 2030 年实现“气候正面”，即它们的整个价值链吸收的碳排放量将超过产生的碳排放量。这不仅获得了环保主义者的好感，还提升了消费者对宜家产品的信任度。数据显示，自宣布这一计划以来，宜家在全球范围内的品牌满意度提升了 8%。

还有巴塔哥尼亚的环保行动，这家户外品牌不只是喊口号，而是直接推出了“不要买这件夹克”的广告，鼓励消费者减少消费行为、延长产品寿命。看似在自毁生意的背后，却让品牌成为环保领域的标杆，推动了销售额的逆势增长。

在 CSR 领域，简单的捐款或公益活动已经很难打动挑剔的消费者。真正成功的策略，是赋能消费者和社区，让他们成为企业价值的一部分。

星巴克在全球范围内推出了多个“社区咖啡馆”，这些门店不仅提供咖啡，还为当地社区提供支持，如免费教育讲座、青年职业培训等。这种策略不仅增强了品牌的社会责任感，还让星巴克的消费者有了一种参与感：我不是在“购买咖啡”，而是在“支持社区发展”。

社会责任听起来“高大上”，但归根结底，企业还是要赚钱的。企业通过 CSR 赢得了消费者的信任，却常常会用其他方式让消费者掏更多的钱。

比如矿泉水的“环保故事”。一些品牌声称它们的塑料瓶是用 100% 可回收材料制成的，而瓶装水的价格却翻了三倍。这时消费者掏钱的心思大概是：“这不是在买水，是在买世界的美丽。”

又比如“植树”营销。你可能在购物时遇到过类似的宣传：“每消费 100 元，我们就种下一棵树！”听起来非常环保，但问题是，这棵树在哪儿种的？活了多久？其实消费者很少去追根究底。

未来的 CSR 不仅仅是减少负面影响，还要主动推动社会进步。例如，科技公司可以通过开发人人都负担得起的教育工具，帮助更多人获取知识；食品公司可以支持本地农业，打造更健康的供应链。利用科技提高生产各环节的透明度，我们现在常用的区块链技术可以帮助企业记录和追踪 CSR 活动，确保消费者看到的是可验证的真实贡献，而不仅仅是“画出来的饼”。

社会责任与企业价值并不是对立的，而是相辅相成的。正如某位聪明的企业家所说:“我们不做慈善，我们在构建品牌。”所以，不要小看CSR，它可能是未来商机的关键所在——既能让消费者心甘情愿地支持你，还能为企业打开新的发展通道。

商业经营管理的最高境界不是赚最多的钱，而是让世界因为你的存在变得更美好，让消费者排队抢着给你送钱。

7.4 从区域到全球：扩展市场的战略布局

从一个区域市场的点滴机遇，到全球化的浪潮，商机扩展是一场融合商家的洞察力、创新力和执行力的表演。区域市场为企业提供了试验场，全球化为企业打开了无垠的天空。在商机扩展过程中，既有先行者的成功经验，也有挑战者的无畏创新。接下来，让我们深入探讨这一过程中的关键节点，结合新的案例，挖掘从地区化到全球化扩展的商机。

区域商机的萌芽：从地方特色中挖掘机会

一切都始于区域市场，这是企业最熟悉、最易上手的。区域商机往往与地方文化、资源特点和消费习惯息息相关，能够以小投入撬动大需求。

案例：Taco Bell 的墨西哥风味革命

塔可钟的创始人 Glen Bell（格伦·贝尔）在美国加利福尼亚州一个墨西哥移民聚集的小城里，发现当地人对 Taco（墨西哥玉米饼）的喜爱超乎寻常。于是，他从一家小餐馆起步，用最基础的原材料，加入改良的美国风味，创造了受小城居民欢迎的“美式墨西哥餐”。

起初，Taco Bell（塔可钟）只在加利福尼亚州发展，随着品牌影响力的提升，贝尔逐渐将“平价美味”的概念推广到美国其他州。这种从地方特色到区域连锁的扩展，是典型的区域商机扩展过程。

从区域到多个国家：规模化的跨越

区域市场的成功，证明了这种商业模式的可行性。接下来，企业的目标便是将这种模式从一个区域复制到全国，甚至多个国家。规模化扩展是这一阶段的核心，推动力则是品牌标准化和提升的运营效率。

》案例：德国的 ALDI 与极简零售风潮

ALDI（奥乐齐）是起源于德国的小型超市，以“低价、高质量”的经营策略赢得了德国消费者的喜爱。其区域化成功的秘诀在于严格控制成本，从装修到产品包装都以极简为核心概念，甚至让顾客自己带购物袋，以减少塑料袋成本。

在德国成功后，ALDI 迅速将这种模式复制到了欧洲其他国家，并在不同区域进行微调。在英国，它引入更多本地化商品；在美国，它加入了一些高端有机食品以迎合新兴消费群体的需求。

ALDI 的成功表明，在规模化扩展中，从区域扩展到全国或跨国市场，企业不仅需要坚持自己的核心价值理念，还要具有灵活的应变能力。

从多个国家到全球：商机的裂变与创新

全球化的市场扩展，是企业商机开发的终极目标。这个阶段，不再是“复制 + 粘贴”，而是需要将企业的商业模式与不同国家或地区的文化、法规和消费习惯深度融合。

案例：韩国三星如何撬动全球科技市场

三星最初只是韩国的一家贸易公司，在 20 世纪 70 年代才开始进入电子行业。通过专注于研发与制造，三星奠定了在韩国市场的基础。然而，真正让三星从地区性品牌变为全球科技巨头的，是它在海外市场的灵活布局和技术创新。

在美国市场，三星用强大的广告攻势和产品差异化与苹果公司直接竞争；在印度等新兴市场，三星通过推出性价比极高的智能手机，赢得了庞大的中低端消费群体。三星的成功离不开其对全球市场消费需求的精准把握，以及持续不断的技术研发投入。

从区域化到全球化扩展策略总结

1. 精准锁定区域需求，验证商业模式

区域市场是企业的“试验田”，能够以低成本检验商业模式的可行性。无论是 ALDI 的极简零售，还是 Taco Bell 的美式墨西哥餐，它们都从区域需求中汲取灵感，并在实践中不断优化。

2. 标准化与本地化的平衡

在向全国或全球扩展的过程中，企业需要同时考虑标准化运营的效率与本地化策略的灵活性。例如，宜家在不同国家采用全球统一的家居理念，但会根据本地消费者的需求调整产品线。

3. 技术研发与支持

全球化扩展需要强大的技术支持，应涵盖供应链管理、数据分析和

消费者洞察等多个层面。ALDI 的低价策略得益于其极高效的物流体系，三星则通过技术研发成为全球科技公司的创新代表。

4. 文化融入与品牌建设

文化融入是企业实现全球扩展的必要条件。成功的品牌不仅要满足当地消费者的需求，还要与其文化、价值观建立深度联结。

从地方经营到布局全球，每一家成功的国际企业都经历了商机从区域到全球的扩展过程。这不仅是地理空间的拓展，还是对商业模式、品牌价值和市场需求的深度挖掘。

企业只要在区域市场中找到立足之地，并在全球市场中搭建文化与技术的桥梁，就能成长为全球化的商业帝国。

7.5 新时代商机开发的三大趋势展望

随着时代发展，商机开发的难度正在加大。从技术的飞速迭代到消费者偏好的快速变化，再到全球市场竞争的白热化，创业者在新的商业环境下要么快速适应，要么被淘汰。就像行驶在高速公路上的车辆，停下来或者后退都是致命的。为了在激烈竞争中找到突破口，创业者需要从过去的成功与失败中汲取经验和教训，以更清晰的视角把握未来的趋势。以下，我们从技术驱动、新消费偏好、全球化扩展三大趋势出发，结合具体案例和数据，剖析新时代商机的演变。

趋势一：技术驱动商机，远离“固守传统”的陷阱

反面案例：Blockbuster 的衰亡

20 世纪 90 年代，Blockbuster（百视达）是全球最大的影视租赁公司，拥有超过 9000 家门店。巅峰时期，公司市值高达 50 亿美元。但到 2010 年，Blockbuster 申请破产，其主因是忽视了流媒体技术的兴起。当 Netflix 在 2007 年推出流媒体服务时，Blockbuster 并未重视，认为传统门店租赁模式仍是主流，这种固守传统的商业理念导致其最终被市场

抛弃。数据显示，截至 2024 年年底，Netflix 已拥有 3 亿订阅用户，而 Blockbuster 只剩下一个怀旧符号。

》正面案例：SpaceX 的低轨卫星计划

与 Blockbuster 忽视新技术带来的冲击形成鲜明对比的是 SpaceX（美国太空探索技术公司）对新技术商机的精准把握。SpaceX 通过其 Starlink（星链计划），利用低轨卫星为全球偏远地区提供高速互联网服务。根据公司数据，截至 2024 年，Starlink 已经部署了超过 5000 颗卫星，为 60 多个国家提供服务，用户数量超过 150 万。这不仅满足了未联网地区的需求，还开创了商业卫星市场的新格局。

启示与商机：技术是商机最强大的驱动器

未来，像量子计算、可控核聚变等前沿科技是商机的温床。但在更接地气的领域，技术同样创造了巨大的机会。例如，全球农业无人机市场的规模预计将在 2030 年达到 83 亿美元，年复合增长率超过 30%。创业者可以聚焦技术如何为传统行业赋能，比如研发能精准测量土壤湿度的微型无人机，为农业节约水资源。

趋势二：满足新消费偏好，避免忽视代际差异

》反面案例：美国购物中心的衰落

20 世纪后期，美国的购物中心曾是消费文化的象征。以 The Mall of America（美国摩尔购物中心）为代表的购物中心在 20 世纪 90 年代吸引了

大量客流，甚至成为旅游目的地。但随着“Z 世代”和“千禧一代”消费者更加青睐电商和体验式消费，传统购物中心未能及时调整策略，陷入经营困境。

正面案例：巴塔哥尼亚的可持续时尚

相比购物中心的颓势，环保服装品牌巴塔哥尼亚抓住了年轻消费者对可持续发展的偏好。该公司不仅致力于生产环保服装，还推出了“Worn Wear”计划（一个旧衣修补回收计划），鼓励消费者修补旧衣物，而非购买新产品。数据显示，2022 年巴塔哥尼亚通过这一计划销售了超过 20 万件二手商品，减少了 200 吨碳排放。这一模式成功吸引了愿意为环保买单的消费者，并提升了品牌的客户忠诚度。

启示与商机：理解代际差异，找到消费裂缝

新兴市场中，针对特定群体需求的产品和服务正快速发展。功能性饮食是这类新兴市场的一个典型的商机。根据 Innova Market Insights（一家专注于食品饮料行业的市场分析机构）数据，全球功能性食品市场的规模预计在 2025 年达到 2750 亿美元，年增长率约 8%。创业者可以开发专注于改善情绪或增强免疫力的食品，满足特定消费者人群的健康与情感的双重诉求。

趋势三：全球化与区域特色相结合，避免“水土不服”

反面案例：玛莎百货在中国的失败

英国零售品牌 Marks & Spencer（玛莎百货）曾试图以高价进口食品和

服装切入中国市场，但因忽视了本地消费者的习惯铩羽而归。数据显示，玛莎百货在中国的门店年均亏损超过 8000 万元人民币。产品定价过高、品牌形象不明，使得这家百年企业最终在 2016 年全面退出中国市场。

》正面案例：瑞士手表品牌 Tissot（天梭）的全球扩张

相比之下，瑞士手表品牌 Tissot 通过结合本地文化和全球营销战略，成功走向世界。Tissot 利用“精准与奢华”的品牌定位，同时推出针对不同区域市场的定制化产品。在中国，Tissot 通过与“双 11”等本地电商节日合作，创下了单日销量突破 5 亿元人民币的纪录；在印度，它赞助板球赛事，与当地建立起强大的品牌关联性。

启示与商机：本地化与全球化的巧妙结合

从区域市场扩展到全球市场，企业需要高度适应各地需求，同时保留核心品牌特色。例如，墨西哥的手工啤酒品牌 Minerva 将传统配方与现代酿造技术结合，在北美和欧洲市场掀起了“拉丁风味”的热潮。数据显示，Minerva 的出口量在 2023 年增长了 120%，充分展示了区域特色在全球市场中的潜力。

新时代的商机开发需要综合考虑技术驱动、消费趋势和全球市场的变化。无论是通过低轨卫星连接偏远地区，还是通过功能性食品切入健康市场，抑或从本地化中发掘文化魅力，点滴的小众商机都有可能扩展为全球化的商业版图。在不断变化的市场环境中，能够精准把握这些趋势的创业者，就是未来商业传奇的缔造者。